ENSEIGNEMENT SPECIAL
ET HANDICAP MENTAL

 *PSYCHOLOGIE ET SCIENCES HUMAINES*

Jean-Luc Lambert

enseignement spécial et handicap mental

2ᵉ édition

PIERRE MARDAGA, EDITEUR
2, GALERIE DES PRINCES, BRUXELLES

© Pierre Mardaga, éditeur
37, rue de la Province, 4020 Liège
2, Galerie des Princes, 1000 Bruxelles
D. 1986-0024-19

A Françoise

Introduction

Enseignement spécial... Voilà deux mots qui, depuis plus d'une décennie, ont fait couler beaucoup d'encre, ont suscité des passions — heureusement toutes rhétoriques — et ont animé différents débats entre partisans et détracteurs de cette forme d'enseignement. Quiconque se trouve confronté aux nombreux problèmes posés par l'éducation des enfants et adolescents handicapés reconnaît que la notion d'enseignement spécial est malaisée à cerner. Tantôt ce type d'enseignement est porté au pinacle, il est considéré comme le remède universel au handicap. Tantôt, l'enseignement spécial est voué aux enfers, son existence même est remise en question car il est envisagé comme une des causes du handicap. Faut-il conserver l'enseignement spécial ou le supprimer? En éducation, comme partout ailleurs, le manichéisme n'est pas de mise. La problématique de l'enseignement spécial ne peut être posée en termes de maintien ou de suppression. Au-delà des débats engendrés par ces deux pôles d'attitudes, il existe une réalité, celle des élèves handicapés et de leurs enseignants. En effet, on a souvent tendance à oublier que l'enseignement spécial concerne des personnes. Il ne s'agit nullement d'une entité abstraite privilégiée ou attaquée selon les époques, au gré de décrets, lois et autres positions de principe prônées par quelconque administration soi-disant responsable de l'éducation des citoyens. N'en déplaise aux nombreux législateurs et penseurs de l'éducation, ce ne sont pas eux qui font l'enseignement spécial, mais bien les intéressés, à savoir les enseignants et leurs élèves. Qui sont ces élèves? Qui sont ces enseignants? Que renferment les mots « enseignement spécial »? Ces questions, et bien d'autres, nous nous les sommes posées au cours de ces dix dernières années passées en contact direct avec les « consommateurs » de l'enseignement spécial. Dire que nous avons les réponses à ces questions serait travestir la réalité et ce, pour deux raisons. Tout d'abord, notre activité professionnelle s'est centrée sur une catégorie déterminée d'élèves fréquentant ce type d'enseignement: les handicapés mentaux. Cette restriction volontaire du champ expérimentiel ne nous autorise donc pas à généraliser l'étude de l'enseignement spécial aux autres types de handicaps que sont par exemple: la cécité, la surdi-mutité, l'infirmité motrice cérébrale ou encore les psychoses infantiles. La seconde raison dictant une attitude empreinte de modestie vis-à-vis des éléments de réponse susceptibles d'être fournis dans cet ouvrage a trait à la complexité des données en présence. L'enseignement spécial est loin de représenter un champ expérimental dûment contrôlé, à l'image d'une situation de laboratoire. A l'ensemble des variables contenues dans l'application de modèles pédagogiques multiples, modèles dont la cohérence n'est pas nécessairement la qualité fondamentale, viennent s'ajouter une constellation d'attitudes, de réactions interpersonnelles, toutes plus complexes à identifier les unes que les autres. Cet ouvrage ne peut être considéré que comme une tentative pour préciser certains aspects de l'enseignement spécial, ses objectifs, son contenu, son devenir éventuel. Les amateurs de conseils pratiques, de « recettes pédagogiques » seront certes déçus, l'objet du livre n'étant pas de présenter une méthodologie et encore moins une théorie éducative pour l'enseignement spécial car, comme nous le verrons, cette théorie et en conséquence son contenu restent à construire.

Après avoir abordé dans le premier chapitre quelques notions indispensables pour la compréhension du sujet, nous consacrons le second chapitre à l'exposé de la thématique centrale de l'enseignement spécial: le débat intégration-ségrégation. Le chapitre 3 rompt une lance contre des idées toutes faites, des confusions, voire des mythes que l'on rencontre fréquemment dans l'enseignement spécial. Les chapitres 4, 5 et 6 sont centrés sur la problématique des objectifs et du contenu. Le dernier chapitre est prospectif et envisage deux clés de l'enseignement spécial: la nécessité d'une théorie éducative pour les handicapés mentaux et la formation des enseignants.

De crainte d'oublier des personnes, nous ne citerons pas tous ceux et celles, enseignants, enseignantes et élèves handicapés mentaux qui, à partir de multiples contacts, nous ont appris à connaître l'enseignement spécial. Qu'ils considèrent ce livre comme le leur.

Chapitre 1
Quelques notions actuelles

1. TOUTES SORTES DE HANDICAPES MENTAUX

A. Eléments de définition

La notion même de handicapé mental a subi au cours de siècles, et plus particulièrement depuis la fin de la seconde guerre mondiale, des transformations radicales, reflets de l'évolution des idées scientifiques et des systèmes de valeurs prévalant au sein des sociétés industrialisées. Objet de craintes, de rejet, de pitié ou de sublimation durant l'Antiquité et le Moyen Age, l'image du handicapé mental a traversé la Renaissance et l'époque moderne pour aboutir de nos jours sous la forme d'une synthèse entre deux grands courants de préoccupations largement interdépendants. Le premier est d'ordre scientifique. Il a trait à l'étude du handicapé mental en tant qu'être déviant, différent du normal à la fois dans son organisation biologique et comportementale. C'est principalement l'évolution des sciences psychologiques et biomédicales qui a façonné la connaissance actuelle du handicapé mental par la description des conditions pathologiques qui déterminent son état et l'analyse de ses modes de réactions en tant qu'individu vivant dans un environnement donné. Le second courant est d'ordre social. A côté du handicapé mental, sujet des études scientifiques, se dresse un individu handicapé, intégré ou non dans une société, cristallisant les attitudes et les valeurs que confère cette société aux êtres qui échappent à ses normes. C'est à partir de cette double démarche qu'il faut situer les connaissances actuelles relatives aux handicapés mentaux.

La notion même du handicap mental est somme toute récente. C'est au 19e siècle qu'Esquirol a différencié cette entité de la maladie mentale afin de qualifier un état déficitaire global, une condition pathologique dans laquelle les facultés intellectuelles ne se développent pas. Il a vallu attendre le début du 20e siècle, et plus précisément le génie de Binet pour voir apparaître les premières tentatives de classification des individus handicapés mentaux. Binet, psychologue et — on l'oublie trop souvent — pédagogue, jeta en 1905 les bases d'une définition du handicap mental à partir d'un critère: le niveau intellectuel, en assimilant un enfant handicapé mental à un enfant dont l'âge chronologique est supérieur à l'âge mental. Cet âge mental est défini par des épreuves, appelées épreuves d'intelligence. Parallèlement à cette évolution, la notion de handicap mental était définie par d'autres scientifiques sur la base d'un autre critère: l'adaptation sociale. Pour Doll et l'école de Vineland, un handicapé mental se caractérisait par son incapacité à réussir une adaptation socio-professionnelle indépendante à l'âge adulte. C'est en 1959, sous l'égide de l'American Association on Mental Deficiency, que s'est développée la première tentative véritable pour unifier les deux critères dans la définition. En 1973, une seconde définition venait compléter la précédente et offrait les bases actuelles de la caractérisation du handicap mental (Grossman, 1973). Cette définition est utilisée à présent dans de nombreux pays et représente incontestablement une référence indispensable pour toute personne mise en présence de sujets handicapés mentaux.

Le handicap mental se réfère à un fonctionnement intellectuel général significativement inférieur à la moyenne, existant en même temps que des déficits du comportement adaptatif et se manifestant durant la période développementale (Grossman, 1973, p. 11).

Deux éléments principaux différencient cette définition des approches antérieures. En premier lieu, le handicapé mental est évalué à partir d'un ensemble de performances correspondant à son âge. *Cette optique est résolument développementale:* le handicapé n'est plus considéré en fonction d'un éventuel statut à acquérir à l'âge adulte, mais bien au travers des exigences comportementales correspondant à son âge. C'est ainsi que durant la première enfance, les comportements sensori-moteurs ont une importance prépondérante dans l'évaluation. A l'âge scolaire, l'accent sera mis sur les performances académiques, tandis qu'à l'âge adulte, l'autonomie socioprofessionnelle sera le critère dominant. Le second élément primordial de la définition réside dans *la prise en considération simultanée de deux critères, le niveau intellectuel et l'adaptation sociale.* Le diagnostic de handicap mental ne peut être porté qu'après l'identification d'un déficit dans chacun de ces deux domaines, c'est-à-dire:

- *un fonctionnement intellectuel retardé*, mesuré à partir de tests standardisés et correspondant à une performance qui est au moins inférieure à deux déviations standards en dessous de la moyenne. Pour les deux tests les plus utilisés, la Wechsler et la Terman, cela représente respectivement des Quotients Intellectuels (Q.I.) égaux à 69 et 67;

- *un comportement adaptatif déficitaire*, c'est-à-dire une incapacité à rencontrer les normes d'indépendance personnelle et de responsabilité sociale attendues chez un individu à un âge donné, dans un groupe culturel spécifique. Etant donné la variabilité des normes en fonction des âges et des groupes sociaux, les déficits adaptatifs sont évalués différemment selon la position de l'individu dans l'échelle des âges.

Comme le montre la figure 1, la définition moderne du handicap mental est descriptive du comportement actuel, elle n'implique pas de pronostic quant au devenir d'un individu. Conformément à cette approche, un sujet peut être handicapé mental à un moment donné de sa vie, et non à d'autres. Nous avons analysé en détail cette définition (Lambert, 1978) et, malgré ses imperfections, nous l'adopterons tout au long du présent ouvrage.

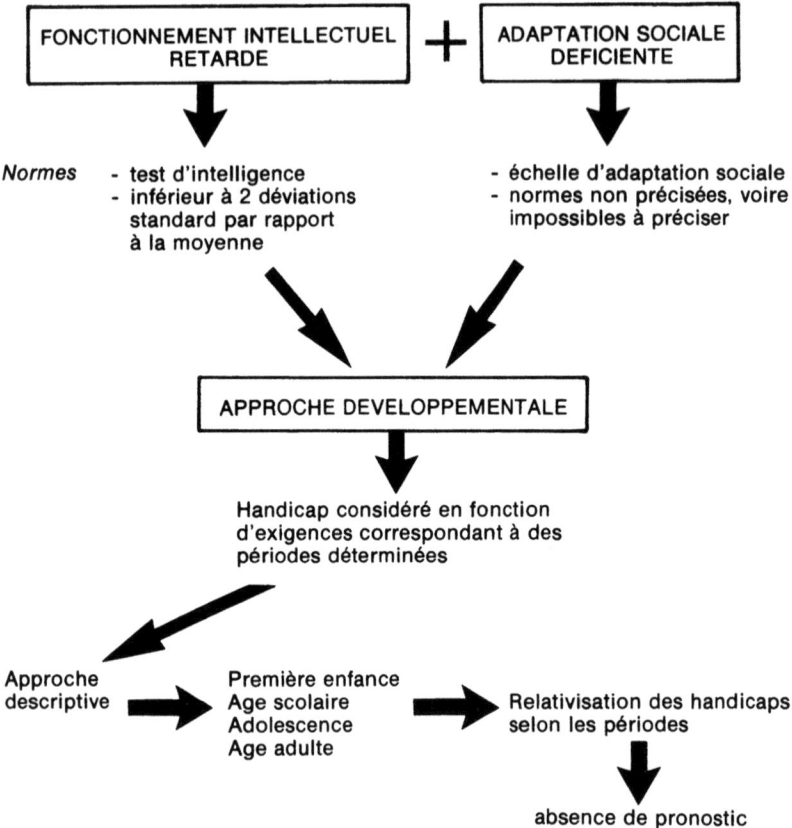

Figure 1. La définition actuelle du handicap mental.

B. Les déterminants

On ne peut présenter les déterminants, ou causes, du handicap mental sans risque de schématiser et de simplifier une réalité complexe. Tout individu étant le résultat d'une interaction entre un héritage biologique spécifique et l'environnement dans lequel il évolue, il est certain que les causes d'un dérèglement quelconque touchant ces interactions sont infinies. De nombreux facteurs contribuent à installer chez un sujet un état définitif ou temporaire de handicap mental. Cet état varie selon un continuum de gravité, des formes les plus graves aux atteintes légères. Le handicap mental n'est pas une maladie. Il s'agit d'un ensemble de symptômes déterminés par des déficits touchant l'individu dans l'intégrité de son organisation biologique et psychologique. La figure 2 montre que l'on ne peut parler de déterminants exclusivement organiques, tout comme il serait illusoire de chercher à identifier des causes environnementales univoques. Pour des raisons didactiques évidentes, il est coutumier d'opérer une distinction entre trois grands types de causes:

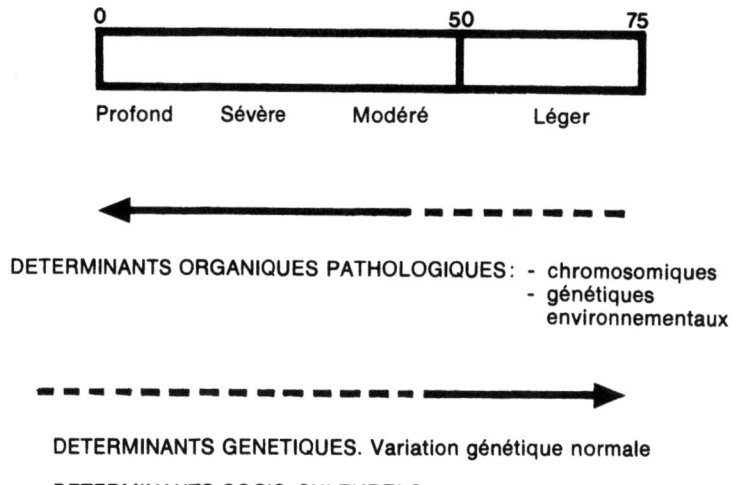

Figure 2. Tendances au sein des grands déterminants.

- les processus organiques pathologiques touchant les structures génétiques et les mécanismes physiologiques fondamentaux de l'individu;

- les agents environnementaux néfastes induisant des atteintes organiques, principalement au niveau du système nerveux central;
- les interactions entre des influences génétiques et environnementales, socioculturelles, semblables à celles opérant au sein de toute population normale, n'entraînant pas généralement d'atteintes organiques, mais suffisantes cependant pour installer un dysfonctionnement intellectuel et des déficits du comportement adaptatif.

Tout schématisme mis à part, les deux premiers types de déterminants se rencontrent plus fréquemment au fur et à mesure que l'on descend l'échelle des Q.I., c'est-à-dire lorsque l'on considère les Q.I. inférieurs à 50, tandis que la troisième grande catégorie de déterminants se trouve significativement plus représentée dans les formes légères de handicap mental.

Notre propos n'est pas de présenter une énumération exhaustive des différents déterminants. Les lecteurs intéressés se référeront à Ajuriaguerra (1971). La figure 3 présente un résumé des principales causes.

C'est à dessein que nous ne nous étendons pas sur la description des déterminants du handicap mental. Il est nécessaire en effet d'extirper un malentendu trop souvent présent dans les attitudes de nombreuses personnes, notamment les enseignants, mises en présence d'individus retardés. Pour ces personnes, tout se passe comme si la connaissance et l'éducation des sujets handicapés mentaux était liée exclusivement à l'identification de l'étiologie. On pourrait résumer cette attitude par l'axiome suivant: connaître la cause = guérir. Ce raisonnement, issu du modèle médical, ne s'applique pas au handicap mental et ce, pour deux raisons. En premier lieu, les données disponibles ne permettent pas d'établir des liaisons univoques entre une cause, organique et/ou environnementale, et un comportement retardé. On considère généralement qu'un tiers des causes seulement sont diagnosticables au sein d'une population de handicapés mentaux. Il reste en fait deux tiers des cas qui portent la mention «diagnostic inconnu». La seconde raison rendant le modèle médical inapproprié à une dé-

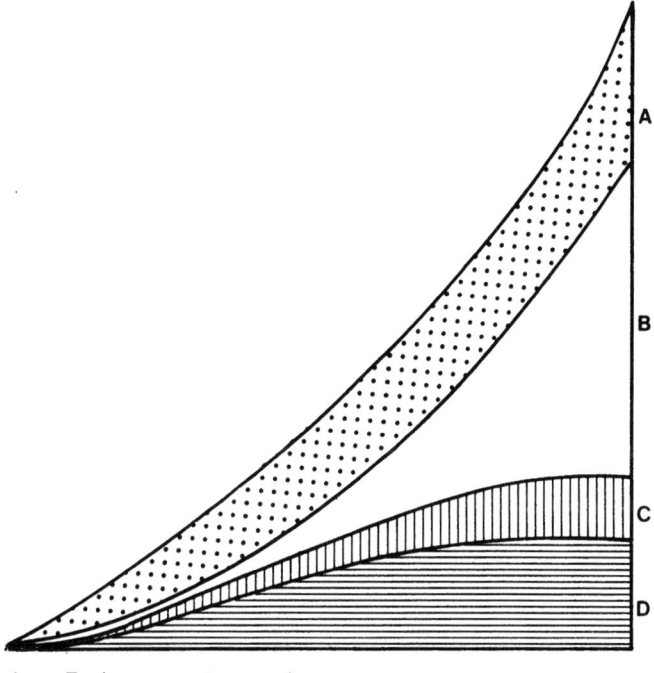

A = Environnement: organique
B = Hérédité multifactorielle ou polygénique
    Environnement: socio-culturel
C = Hérédité monogénique
D = Chromosomique

Figure 3. Les principales causes du handicap mental.

termination de la cure concerne la variabilité interindividuelle extrême présente au sein d'une même catégorie diagnostique. L'exemple du syndrome de Down — ou mongolisme — est significatif à cet égard: la diversité comportementale des individus mongoliens, en termes d'acquis et de réalisations, ne peut être inférée à partir de l'anomalie chromosomique, à savoir la présence d'un chromosome surnuméraire. Dans le domaine de l'enseignement, la recherche des étiologies n'est qu'un objectif secondaire. C'est un leurre que de croire aux vertus curatives d'un diagnostic médical dans le domaine du handicap mental, l'étiquette apposée sur un sujet ne dit pas comment ce sujet doit être éduqué. Cette illusion est malheureusement entretenue par de nombreux professionnels — presque tous des médecins — qui considèrent, et selon nous à tort, que la connaissance des handicapés mentaux procède directement d'une identification précise de l'étiologie. Il suffit pour s'en convaincre de parcourir certains programmes de formation pour enseignants spécialisés et d'analyser le contenu des cours pour observer que des intitulés comme «étiologie médicale des handicapés mentaux», «processus pathologiques du handicap» ou encore «la génétique et ses troubles» occupent une place prépondérante dans la formation. Mis à part un rôle préventif indéniable et le traitement de certaines maladies peu fréquentes, la médecine est encore impuissante à guérir le handicap mental. Nous ne minimisons cependant pas son rôle. Nous prétendons seulement que la connaissance des déterminants du handicap mental n'occupe qu'une place mineure dans le processus éducatif et, en tant que telle, ne représente qu'un des éléments de l'évaluation pédagogique.

C. Les classifications

Traditionnellement, les bornes du handicap mental sont fixées à l'aide de chiffres de Q.I. obtenus à des tests standardisés, chiffres compris grosso modo entre 0 et 70. D'où vient cette limite de 70? Zazzo (1969, pp. 15 et suivantes) montre que ce chiffre n'a pas été fixé par décret, mais représente la traduction d'exigences scolaires et sociales précises. Il faut retourner à l'époque de Binet où l'éducation était devenue obligatoire. Le qualificatif de débile, ou handicapé mental, a été appliqué aux individus suffisamment éducables pour parvenir en fin de développement — fixée à ce moment aux environs de 15 ans — à l'acquisition de la lecture et de l'écriture (correspondant au niveau d'un écolier âgé de 7 ans et demi à 8 ans), mais incapables de parvenir à une pensée abstraite (niveau d'environ 11 ans). Ces repères pédagogiques ont permis de poser le chiffre fatidique de 70, obtenu en divisant l'âge de 10-11 ans par l'âge terminal de 15 ans. La limite inférieure de la débilité mentale — ou handicap mental léger dans la terminologie actuelle — a été obtenue en divisant l'âge de 7 ans et demi par l'âge terminal de 15 ans. La signification du Q.I. 70 a donc été extraite d'un critère pédagogique, et non l'inverse. Cette notion importante a malheureusement été oubliée au cours des années et la prudence des pionniers tels que Binet et Simon a été battue en brèche par les praticiens qui confèrent aujourd'hui aux chiffres de Q.I. une valeur universelle, transcendant la notion d'individu. Il s'agit là d'une utilisation abusive de données psychométriques sur laquelle nous reviendrons lors du chapitre consacré à l'évaluation.

Parmi les nombreuses classifications proposées pour le handicap mental, nous retiendrons celle recommandée par l'Organisation Mondiale de la Santé et adoptée par de nombreux pays. Elle propose un classement en quatre catégories :
- handicap mental léger; Q.I. : ± 50-55 à ± 70-75,
- handicap mental modéré; Q.I. : ± 35 à ± 50-55,
- handicap mental sévère : Q.I. : ± 20-25 à ± 35,
- handicap mental profond; Q.I. : O à ± 20-25.

Ce système n'a qu'un mérite, celui d'être simple. Basé sur le seul Q.I., il ne fournit aucune indication sur les différences interindividuelles. Pour nous, il ne représente qu'une nomenclature et non un système de référence pour l'enseignement. A titre informatif, on rencontre encore, notamment dans les écrits français, la classification suivante : débilité endogène ou normale (origine génétique normale ou socioculturelle) et débilité exogène ou pathologique (origine pathologique couvrant les catégories modérée, sévère et profonde du handicap).

Ce bref aperçu n'illustre certes pas la variété importante des individus regroupés sous le terme générique de handicapés mentaux. Dans le domaine pédagogique, toute définition ou classification, aussi précise soit-elle, ne peut supprimer la réalité. Cette réalité est celle de l'individu engagé dans un processus éducatif, avec ses acquis et ses faiblesses, ses retards et en même temps ses capacités. C'est ce sujet qu'il importe de connaître, de comprendre et d'éduquer.

2. L'ENSEIGNEMENT SPECIAL

La société s'est toujours préoccupée des sujets handicapés mentaux, d'une manière ou d'une autre. Certaines cultures les ont craints, d'autres les ont ignorés ou détruits. C'est avec la Renaissance, sa foi dans l'homme et dans le développement des sciences qu'apparaissent les premiers écrits consacrés aux handicapés. Le 18e siècle voit la création des premières institutions destinées à la fois à aider les déshérités et à protéger la société contre d'éventuelles « contaminations ». Héritage du Moyen Age, l'ambivalence rejet-pitié à l'égard des anormaux a persisté au cours des époques et continue à dominer actuellement les conceptions. Toutefois, avant d'envisager les actualisations de ces conceptions, il est nécessaire de procéder à un bref exposé de l'évolution de l'éducation pour les handicapés mentaux.

C'est incontestablement Itard qui, au début du 19e siècle, jette les bases de l'éducation spéciale à partir de ses travaux avec Victor, le Sauvage de l'Aveyron. Illustre précurseur des méthodes curatives, Itard développe un ensemble de considérations pédagogiques qui vont être reprises par ses successeurs, Séguin et Bourneville, et vont influencer l'éducation du début du 20e siècle. En 1981, ces noms restent malheureusement inconnus de nombreux enseignants. Pourquoi considère-t-on ces pionniers, auxquels il faut ajouter Montessori et Binet, comme faisant partie de la préhistoire ? Quel est l'enseignant pour enfants normaux qui oserait prétendre qu'il n'a rien à apprendre des écrits de Dewey, Pestalozzi, Froebel ou Claparède ? Or, en négligeant l'apport d'Itard ou de Montessori dans l'éducation pour les handicapés mentaux, on agit comme si les sciences pédagogiques n'avaient débuté qu'après 1950. Un simple retour aux sources suffirait à montrer combien de théories « modernes » prennent leurs racines dans l'œuvre de ces précurseurs.

Le début du 20e siècle est marqué dans les pays francophones de l'empreinte de Binet. Binet n'a pas seulement créé une échelle d'intelligence. Il s'est appliqué à jeter les bases d'une véritable philosophie de l'éducation spéciale. Au départ de sa réflexion, Binet présente la notion d'adaptation scolaire comme étant la finalité de l'éducation. Il ne s'intéresse qu'aux handicapés mentaux légers, les débiles, encore appelés « anormaux d'écoles » ou éducables (Binet, 1907, p. 108). Les autres formes de handicap mental ne sont pas considérées comme émargeant à l'école, mais bien aux hospices, aux institutions. Selon les propres termes de Binet, il s'agit là d'anormaux d'hospices. Une fois le diagnostic établi à l'aide de l'échelle d'intelligence, il s'agit donc de traiter l'écolier, écrit Binet (1907, p. 39), développant ainsi une idée originale pour l'époque, à savoir que la thérapie est d'ordre pédagogique et non médical. Cette option justifie l'idée d'une pédagogie spéciale dont le but est de rendre les anormaux aptes à suivre l'école, à s'adapter. En 1909 s'ouvrent en France les premières classes spéciales pour enfants handicapés mentaux légers. Laissons à Binet le soin d'écrire comment il envisage la pédagogie au sein de ces classes:

> « Il faut substituer à la pédagogie des principes abstraits une pédagogie essentiellement pratique, une pédagogie des résultats ne se laissant pas enfermer dans une formule unique... Nous conseillons de ne fixer aucun programme ... qu'on laisse à l'école et à la classe d'anormaux la souplesse et l'élasticité nécessaires pour que l'enseignement spécial évolue et se perfectionne comme un organisme vivant... Il faut mettre en garde contre le danger d'une pédagogie spéciale qui empêcherait le retour d'un enfant débile dans l'école ordinaire. »
> (Binet, 1907, pp. 40-51.)

Non, ces phrases n'ont pas été écrites par un théoricien de la normalisation, américain ou suédois, en 1970, mais par un pédagogue français, au début du siècle, dont le génie visionnaire permettait d'envisager à la fois les avantages — une éducation adaptée aux besoins des enfants handicapés mentaux légers — et les dangers — la création d'un système clos, autogénérateur de handicaps — de l'éducation spécialisée. Le lecteur souhaitant avoir une vue exhaustive de l'histoire de l'éducation spécialisée se référera à Moor (1977) et à Mirabail (1979).

De la fin de la première guerre mondiale jusque 1970, on assiste dans les pays industrialisés à l'avènement de l'enseignement spécial pour les handicapés mentaux légers, avec la création de multiples classes et les débuts de la formation des enseignants. Les handicapés plus graves restent cependant défavorisés sur le plan de la prise en charge éducative. En effet, les grandes institutions se révèlent très vite incapables de fournir des environnements éducatifs appropriés. Jusqu'à la fin de la seconde guerre mondiale, ces sujets seront laissés pour compte, livrés la plupart du temps à des enseignants et des éducateurs non formés (Robinson et Robinson, 1976). A partir de 1950, et notamment sous l'impulsion des associations de parents d'enfants handicapés mentaux, on assiste à la création d'écoles prenant en charge l'éducation des handicapés mentaux modérés et sévères. C'est le début des classes appelées pour enfants «semi-éducables» ou encore «éducables sur le plan pratique», cette seconde dénomination étant de loin préférable à la première. Cette époque est celle de la construction de plans d'étude et de méthodologies pour l'enseignement spécial. L'arrivée massive d'enfants issus de milieux socioculturels défavorisés, produits des inégalités sociales inhérentes au développement économique, contribue à diversifier les modes de prise en charge et, en conséquence, le contenu de l'enseignement et la formation des enseignants.

Le début des années 1970 constitue certainement le tournant le plus important dans l'histoire de l'enseignement spécial depuis les découvertes d'Itard et de Binet. Deux phénomènes étroitement dépendants ont alors marqué l'évolution de l'enseignement spécial et déterminent le débat actuel. En premier lieu, l'éducation spécialisée pour handicapés mentaux prend un essor nouveau dans les pays industrialisés sous l'impulsion de diverses législations reconnaissant à tous les enfants, normaux et handicapés, le droit inaliénable à l'éducation. Par exemple, c'est de cette époque que date la loi organisant l'enseignement spécial en Belgique. De même, différents Etats des Etats-Unis voient leurs Cours de Justice se prononcer sur l'égalité des droits à l'éducation, pour tous les citoyens, indépendamment de l'origine sociale ou ethnique. Diversification de l'enseignement spécialisé, amélioration des contenus pédagogiques et création de centres de formation pour le personnel enseignant, telles sont les tendances prédominantes, bien que certains pays, et notamment la France et la Belgique, ne suivent qu'imparfaitement l'exemple, plus particulièrement en ce qui concerne la formation du personnel. Sans tomber dans un optimisme béat, on peut écrire que l'enseignement spécial pour handicapés mentaux est à l'apogée de son développement depuis une dizaine d'années en termes de structures susceptibles d'accueillir tous les types de handicaps. Nous sommes conscient du fait que cette observation ne s'applique pas nécessairement à la qualité de l'enseignement qui est délivré au sein de ces structures, loin s'en faut. Un second phénomène, dont nous ne mesurons pas encore toutes les implications à l'heure actuelle, a vu le jour aux alentours de 1970. Il s'agit de la normalisation, encore appelée «mainstreaming» dans les pays anglo-saxons, un courant prônant la suppression partielle ou totale de l'ensemble des classes spéciales pour les handicapés et leur insertion dans l'enseignement ordinaire ou traditionnel. Tout d'abord envisagé comme un concept théorique, le principe de normalisation a été opérationnalisé dans divers pays, principalement une partie des Etats-Unis, les pays scandinaves et certaines provinces italiennes et hollandaises. Ce courant a créé une véritable lame de fond balayant les idées traditionnelles sur l'enseignement spécial et cela au moment précis où l'éducation spécialisée s'acheminait vers la découverte de son identité. En Belgique, en France et en Suisse, la normalisation a fait son entrée depuis trois ou quatre ans. Son impact reste encore limité au niveau des réalisations concrètes. Son influence est cependant grandissante sur le plan des théories éducatives adressées aux handicapés mentaux. En 1981, nous pouvons résumer l'historique de l'éducation pour les handicapés mentaux en une question: l'enseignement spécial doit-il encore exister? Nous consacrerons le chapitre 2 à cette interrogation.

Enseignement spécial, éducation spécialisée ou pédagogie curative?

Le lecteur s'est aperçu que nous utilisons indifféremment les termes spécial, spécialisé ou curatif pour caractériser l'enseignement délivré aux handicapés mentaux. Certains nous reprocherons cette démarche qu'ils qualifieront d'abusive, enseignement spécial n'étant pas, par exemple, synonyme de pédagogie curative. Avant d'aller plus loin, il est bon, croyons-nous, de préciser les termes utilisés, ne serait-ce que pour contenter les puristes de la terminologie.

Pour Moor (1977), la pédagogie spéciale est la science de l'éducation des inadaptés. La pédagogie spéciale est considérée aujourd'hui comme une des sciences de l'éducation, trouvant ses assises dans la psychologie et la pédagogie expérimentales du normal et du handicapé et revêt, selon les auteurs et leurs filiations théoriques, des formes diverses. L'orthopédagogie ou la psychopédagogie des handicapés mentaux sont d'autres appellations de la pédagogie spéciale. D'autres pays, notamment ceux de langue allemande et en particulier la Suisse alémanique, utilisent le vocable « pédagogie curative ». Ce terme est moins courant en français, bien que Debesse l'a utilisé dès 1950, à Strasbourg, dans son centre psycho-pédagogique (Méry, 1978). En fait, la pédagogie curative ou spéciale se définit à la fois par son objet — l'aide aux handicapés — et en fonction de son insertion dans le domaine des sciences humaines — il s'agit de la science étudiant le développement des handicapés vers l'autodétermination et la capacité de vivre en société — (Haeberlin, 1980). L'enseignement spécial ou spécialisé se réfère à la partie de la pédagogie curative ou spéciale couvrant la période de scolarisation. Cette restriction temporelle est somme toute assez superficielle, étant donné, d'une part, que l'enfant handicapé n'entre pas à l'école spéciale sans une histoire comportementale dont il faut tenir compte pour son éducation et, d'autre part, que la vie du handicapé ne s'arrête pas à la fin de la scolarité. Afin de marquer l'insertion nécessaire de l'enseignement spécial dans le domaine plus général de la pédagogie spéciale, ou orthopédagogie, nous souhaiterions voir adopter un vocable tel que « pédagogie curative scolaire ». Cependant, pour des raisons tenant plus à des traditions francophones qu'à un souci d'uniformisation de la terminologie, nous continuerons à utiliser le terme enseignement spécial, tout en lui conférant son sens premier. Nous définirons donc l'enseignement spécial comme suit: l'ensemble des structures et des méthodes éducatives mises en place pour les sujets handicapés mentaux d'âge scolaire, structures et méthodes issues des fondements et des principes de la pédagogie spéciale ou curative. Bien que la notion d'âge scolaire varie d'un pays à l'autre, on peut adopter un consensus en fixant respectivement à 4-5 ans et à 16-18 ans les limites inférieures et supérieures de la période de scolarisation.

Chapitre 2
Faut-il un enseignement spécial ?

Avant même d'avoir pu se développer et atteindre sa maturité, l'enseignement spécial est actuellement remis en question dans de nombreux pays. Les critiques fusent de toutes parts, tant de l'extérieur qu'au sein même des structures spécialisées. Souvent passionné et la plupart du temps non argumenté par des preuves scientifiques, le débat est centré sur l'adéquation de l'enseignement spécial à certains types de handicaps. Parmi ceux-ci, le handicap mental léger est le plus souvent cité, bien que ces dernières années aient vu l'élargissement de la problématique aux handicapés modérés et sévères. Faut-il un enseignement spécial pour les handicapés mentaux ? Pour tout scientifique, la réponse à une telle question ne peut être fournie sans la mise en place d'une vaste expérimentation comparant systématiquement les avantages et les inconvénients des diverses modalités d'enseignement. Malheureusement, et c'est coutumier dans le domaine de l'éducation, les efforts développés pour recueillir des données empiriques sont vite anéantis par l'installation de la polémique dans laquelle se retrouvent pêle-mêle des faits anecdotiques, des conceptions philosophiques personnelles ou encore des jugements de valeur dénués de tout fondement expérimental. L'absence de faits tangibles donne libre cours à la spéculation débridée. Il est certain que le problème de l'existence d'un enseignement spécial pose nécessairement le débat sur le plan des valeurs. Cela ne signifie nullement que toute analyse scientifique soit écartée a priori. Certains pays ont montré qu'une telle entreprise était chose réalisable. Parmi ceux-ci, les Etats-Unis offrent un ensemble de résultats, encore fragmentaires, mais suffisants néanmoins pour assurer une base à la réflexion (Lambert, 1975). Les Etats-Unis nous paraissent un bon exemple car, là plus qu'ailleurs, la controverse entre partisans de l'intégration et de la ségrégation des handicapés mentaux est d'actualité et, depuis 1970, n'a cessé d'être le ferment d'un vaste courant d'expérimentation. C'est en nous basant sur les travaux des chercheurs américains que nous allons tenter de faire le point. Notre exposé est sous-tendu par deux catégories d'arguments. Les premiers sont d'ordre sociologique et éthique. Ils sont développés à partir d'une discussion sur les implications de la ségrégation dans un système éducatif séparé du réseau traditionnel. Nous envisagerons successivement les corrélats de la ségrégation, les problèmes liés à l'identification des handicapés mentaux et les implications de l'étiquette « handicapé mental ». Le second type d'arguments ressort du domaine psychopédagogique. Nous présenterons les études ayant comparé l'efficacité respective des différents systèmes éducatifs. Avant d'exposer ces résultats, il est utile d'introduire la problématique telle qu'elle s'offre à nous en 1981.

1. LE DEBAT SEGREGATION-INTEGRATION

Dunn (1968) fut un des premiers à remettre en question l'efficacité d'un enseignement spécial séparé de l'enseignement régulier, encore appelé enseignement traditionnel ou normal (nous utiliserons les termes régulier ou traditionnel, cela afin d'éviter les ambiguïtés du libellé « normal »). Ses critiques portaient sur la présence d'un grand nombre d'enfants issus de minorités raciales et ethniques au sein des classes spéciales. Ces enfants étaient classés sous la rubrique « handicapés mentaux légers ». Dunn stigmatisa les méthodes utilisées pour la classification des élèves, à savoir un diagnostic basé exclusivement sur le quotient intellectuel, et dénonça l'inadéquation des méthodes dites spécialisées. A cette époque, cependant, Dunn ne disposait d'aucune donnée empirique permettant de confirmer ses thèses. Le courant d'opposition à l'enseignement spécial trouva son point culminant vers les années 1970, à la fois dans les faits et au niveau conceptuel. Sur le plan des faits, l'exemple le plus célèbre est incontestablement celui de l'Etat de Californie où, entre 1969 et 1972, 19.000 enfants issus des minorités noires et mexicaines et placés en classes spéciales sur la seule base d'un quotient intellectuel obtenu à partir de tests administrés en langue anglaise, furent réintégrés dans l'enseignement régulier après une évaluation pluridisciplinaire réalisée dans leur langue maternelle (Mac Millan, 1973). Au niveau conceptuel, une orientation vit le jour: le «mainstreaming» — littéralement, «remise dans le flot principal» — dont les présupposés théoriques sont à rapprocher de ceux du principe de normalisation. Nous avons analysé en détail l'application du principe de normalisation en milieu institutionnel et précisé ses limites dans un autre ouvrage (Lambert, 1978). Actuellement, deux thèses sont en présence. Nous rappelons que ce débat ne concerne pas uniquement les Etats-Unis, mais s'est étendu à la plupart des pays européens au cours des dernières années. La première thèse, défendue par une minorité, prône envers et contre tout le maintien d'un enseignement spécial distinct de l'enseignement régulier. La seconde position est intégrationniste et préconise l'insertion des handicapés mentaux dans le sytème régulier. L'argumentation développée par les protagonistes peut se résumer comme suit:

La ségrégation

Quatre raisons sont généralement invoquées pour justifier l'existence d'un enseignement spécialisé autonome:
- les classes spéciales permettent l'homogénéité des groupes,
- un programme d'études spécialisé permet de rencontrer les intérêts des élèves et les buts poursuivis par l'école, à savoir l'intégration socio-professionnelle à l'âge adulte,
- il existe des enseignants spécialisés qui, grâce au bagage reçu

durant plusieurs années de formation, sont aptes à répondre aux besoins des enfants,
- la classe spéciale contient un nombre restreint d'élèves. Cette situation entraîne plus de comportements d'attention de la part des enseignants et, en conséquence, une meilleure pédagogie.

Ces arguments ne résistent guère à l'épreuve de la réalité. C'est ainsi que l'homogénéité des classes spéciales est très souvent une vue de l'esprit. Pour s'en assurer, il suffit d'observer la variabilité inter-individuelle extrême présente dans une classe spéciale, de loin supérieure à celle rencontrée au sein d'une classe régulière. De même, on serait bien en mal de préciser ce que recouvrent les termes « un contenu adapté à l'enseignement spécial ». Dans de nombreux cas, ce contenu est une adaptation au rabais de la pédagogie traditionnelle. Enfin, au niveau de la formation des enseignants, certains pays possédant un enseignement spécial se sont complètement désintéressés de ce problème.

Pour les partisans de la ségrégation, le handicapé mental est un individu essentiellement différent du sujet normal, avec les exigences d'une éducation adaptée à ses besoins. La constitution des classes, la définition d'un contenu pédagogique et la formation des enseignants doivent donc être différentes de celles rencontrées dans l'enseignement régulier.

L'intégration

Comme pour la ségrégation, ce sont des hypothèses qui alimentent les thèses intégrationistes :
- l'enseignement spécial induit une histoire d'isolement chez le handicapé mental,
- mis au contact d'enfants normaux, les enfants handicapés mentaux ont plus d'occasions d'atteindre de hauts niveaux de performances académiques et sociales parce qu'ils sont exposés à des modèles dont l'adaptation est supérieure à la leur,
- la classe régulière offre une ressemblance plus grande avec le monde réel,

- l'intégration favorise la compréhension et l'acceptation des enfants handicapés par leurs pairs non handicapés.

Nous insistons sur le fait qu'il s'agit là de présupposés et non de certitudes issues d'études empiriques. Nous aurons l'occasion de confronter ces arguments aux données disponibles. Soulignons encore que le débat intégration-ségrégation touche plus particulièrement la catégorie des handicapés mentaux légers. C'est également autour d'eux que se cristallise l'ensemble des considérations socio-éthiques développées dans le domaine du handicap mental.

2. ARGUMENTS SOCIOLOGIQUES ET ETHIQUES

A. Qui sont ces «handicapés mentaux légers»?

L'identification des handicapés mentaux légers est très certainement le problème le plus délicat auquel est confronté le psychopédagogue dans le domaine du handicap mental. Comme nous l'avons vu, la catégorie «retard mental» s'articule sur une dichotomie: organique ou biologique, d'une part, et non organique ou culturelle-familiale, d'autre part. La première appellation se réfère à la causalité organique dans l'explication de la condition intellectuelle anormale. Elle regroupe généralement les handicapés mentaux modérés, sévères et profonds. La seconde terminologie renvoie aux handicapés mentaux légers. Elle se base sur la prise en considération simultanée de quatre critères (Lambert, 1978):
- un retard intellectuel mesuré par un test standardisé (quotient intellectuel situé entre ± 50-55 et ± 70-75),
- un déficit d'adaptation sociale,
- l'origine familiale, supposée génétique, du handicap,
- l'absence d'atteinte cérébrale.

Le diagnostic repose donc principalement sur l'absence d'une symptomatologie organique décelable. Il s'agit plus d'une supposition que d'un diagnostic positif.

Les critères d'évaluation du handicap mental léger ont été soumis à de nombreuses critiques dans la littérature anglo-saxonne. Rondal (1976) et Lambert (1979a) reprennent l'ensemble de la discussion et articulent l'argumentation autour de deux axes : le critère de la normalité intellectuelle et les raisons sous-tendant la ségrégation des handicapés mentaux légers.

Les instruments dont dispose le psychologue permettent d'identifier une distribution de notes individuelles dans le domaine du fonctionnement intellectuel. Cependant, aucune distribution psychométrique ne permet de décider que tels sujets sont normalement intelligents et tels autre non. Dans la distribution, supposée normale, des quotients intellectuels, la limite supérieure du handicap mental léger a été fixée à 70. Comme nous venons de le voir dans le premier chapitre, cette limite n'est pas l'émanation d'un décret divin, mais bien d'exigences scolaires. Nous ne nous étendrons plus ici sur la signification de ces chiffres qui doivent plus à la fiction psychométrique qu'à la réalité comportementale ou, si l'on veut, à une espèce de prestidigitation numérique dont sont, hélas, friands nombre de psychologues croyant ainsi asseoir scientifiquement les bases de leur inutilité. Le cœur du problème est la mise en évidence d'un cercle vicieux : les handicapés mentaux légers sont identifiés à partir de critères scolaires. Demandons-nous pourquoi ces enfants éprouvent des difficultés scolaires. Nous ne pouvons que répondre : « C'est parce qu'ils ne sont pas intelligents ». Or, nous savons que depuis Binet l'identification de la déficience mentale légère trouve son point de départ dans les difficultés scolaires... En dernière analyse, c'est donc l'école, institution issue de valeurs sociales précises, qui est l'agent de l'identification. Notons que le même raisonnement s'applique aux échelles mesurant l'adaptation sociale (Echelle du Comprtement adaptatif. Inventaire du Comportement adaptatif. Voir chapitre 5).

Le handicap mental léger est un problème principalement scolaire dont les composantes sont doubles. D'une part, un certain nombre de sujets ont des possibilités restreintes sur le plan intellectuel. D'autre part, la structure comparative du système scolaire régulier, dans laquelle le critère de compétition est central, contribue à accroître les difficultés de ces élèves. Les principes d'organisation de l'école, trouvant leur explication dans une analyse historique et économique, conduisent à identifier une minorité de sujets qui ne peuvent suivre les programmes d'enseignement. Lorsqu'il est établi que ces sujets ont des quotients intellectuels inférieurs à 70-75, ils sont appelés handicapés mentaux légers et dirigés vers un enseignement dit spécial. C'est donc en grande partie sur des normes sociales, en l'occurrence scolaires, que des enfants se voient étiquetés «handicapés mentaux légers». Beaucoup de ces élèves ne sont handicapés mentaux que six heures par jour, la durée de la scolarité quotidienne. En dehors de cette période, ils se comportent comme les autres enfants de leur âge. Supposons un dictateur qui, du jour au lendemain, décide de fixer à 140 la limite inférieure de la normalité intellectuelle et de déclarer handicapés mentaux légers les sujets dont le Q.I. se situe entre 100 et 139. Nous crierions au fou. Or, les critères actuels de classification des handicapés légers reposent sur le même procédé arbitraire.

Il n'entre pas dans nos propos de prétendre que la totalité des handicapés mentaux légers sont les victimes de la ségrégation instaurée par le système scolaire traiditonnel. En effet, un certain nombre d'entre eux présentent des limitations intellectuelles réelles, quel que soit le système en vigueur. Nier cette évidence, c'est négliger l'intervention génétique dans la constitution du capital humain. Notre objectif n'est pas de déclarer qu'il n'existe aucun handicapé mental léger, mais simplement de montrer que la définition repose sur des considérations par trop arbitraires. En effet, de quel droit décide-t-on que tous les enfants doivent se conformer à des normes scolaires identiques ? Pourquoi l'école est-elle un agent de discrimination entre les individus ? La démocratisation de l'école, entendue comme le moyen offert à chacun d'exprimer pleinement ses capacités est-elle réellement un leurre agité dans les discours de politiciens en mal d'électeurs ? Autant de questions qui trouvent leurs réponses dans l'analyse de la société, sa finalité et les moyens de répression qu'elle utilise envers quiconque sortant des normes qu'elle a établies.

Au-delà de ce débat, une réalité quotidienne subsiste. Un certain nombre d'enfants sont appelés à tort « handicapés mentaux légers » et fréquentent un enseignement spécial dans lequel ils ne devraient pas se trouver. Examinons quelles sont pour ces enfants les conséquences de l'étiquette qui leur a été apposée par la société.

B. Les implications de l'étiquetage

Tout comme l'émergence de la notion de « mainstreaming » ou intégration, les travaux portant sur les implications du « labeling » ou étiquetage, ont pris naissance aux Etats-Unis. Ce phénomène s'est développé à partir de la prise de conscience de minorités raciales, ethniques et sociales ayant attribué leurs difficultés d'intégration au fait qu'elles portaient des étiquettes, des labels. L'avènement du labeling s'inscrit dans un courant théorique plus général qui, dans les sciences humaines, s'est efforcé de découvrir dans la société et ses institutions la cause de tous les maux. Pour ces thèses socio-génétiques, la société crée la déviance en attribuant des étiquettes aux individus qui ne s'insèrent pas dans des normes précises. Après les prisonniers, les malades mentaux et diverses minorités culturelles, ce fut au tour des handicapés mentaux de se retrouver au centre du débat animé par certains théoriciens. Très vite, les instruments de diagnostic, les écoles spéciales et les institutions furent considérées comme les responsables directs du handicap mental et non comme des solutions susceptibles de remédier à cet état. Un ouvrage ne suffirait pas à lui seul pour présenter l'ensemble de la littérature consacrée à l'étiquetage des handicapés mentaux. Force nous est donc de ne retenir que les faits les plus illustratifs.

En reprenant de manière critique l'ensemble des travaux consacrés à ce sujet, Mac Millan et al. (1974) font observer que les bases empiriques du problème demeurent peu convaincantes. A l'issue d'un récent article de synthèse, Guskin (1978) aboutit à des conclusions analogues, en admettant toutefois que certains éclaircissements ont été apportés au cours des dernières années. Nous sommes ici en présence du débat type, trop fréquent dans le domaine du handicap mental, celui qui consiste à disserter sur un sujet sans étayer l'argumentation par des précautions scientifiques minimales. Le mot « étiquetage » se réfère à l'attribution de caractéristiques à un objet ou une personne afin d'indiquer son individualité ou sa classe d'appartenance. Toute discussion sur le phénomène de l'étiquetage dans le handicap mental doit prendre en considération trois dimensions : la nature même des effets de la dénomination, les effets du label sur le jugement des personnes qui côtoient les sujets handicapés mentaux et les réactions de ceux qui portent les labels.

La nature des dénominations

Originellement, le terme « label » a été utilisé exclusivement comme synonyme de stigmate. Seuls les effets négatifs de la dénomination « handicapé mental » ont été mise en exergue dans les écrits (Mac Millan et al., 1974) :

- l'enfant appelé « arriéré mental » est rejeté par ses pairs,
- son niveau d'aspiration sur le plan social et académique est réduit,
- les enseignants réduisent leurs exigences envers les enfants désignés,
- les chances d'intégration socio-professionnelle adéquate des sujets étiquetés sont inférieures à celle des sujets normaux,
- l'enfant n'aime pas porter le label.

Plus récemment, des auteurs ont mis l'accent sur le fait que l'étiquette « handicapé mental » pouvait comporter des effets bénéfiques pour les personnes désignées comme telles (Gallagher, 1976 ; Lambert, 1978) :

- dans la mesure où il est le résultat d'une évaluation précise, l'étiquetage permet l'élaboration de nosologies discriminatives auxquelles peut correspondre la mise en place de traitements spécifiques ;
- toute étude épidémiologique requiert l'identification de catégories d'individus. L'étiquetage est indispensable pour pla-

nifier à moyen et à long terme les besoins exigés par la prise en charge de certaines personnes au sein de la société. Ces besoins vont de la mise en place d'infrastructures adaptées à la formation d'un personnel qualifié destiné à s'occuper des personnes handicapées.
Si l'utilisation des labels comporte indiscutablement des aspects négatifs, il reste vrai que la suppression de toute étiquette représente une régression dans l'étude scientifique du handicap mental. Il est certain que de nombreux enfants sont considérés à tort comme des handicapés mentaux et subissent, parfois durant toute leur vie, les conséquences désastreuses de cette appellation. D'autres enfants, par contre, exigent une identification précise débouchant sur des prises en charge spécifiques. Cette identification ne peut se réaliser sans le recours à des cadres nosologiques qui s'affinent avec le développement des sciences psychologiques et médicales. Selon nous, la problématique de l'étiquetage ne se situe pas au niveau du maintien ou du rejet des labels utilisés pour décrire les handicapés mentaux, mais bien sur le plan de la modification des comportements sociaux émis en réponse aux appellations.

Les effets des dénominations sur les personnes non handicapées

Un ensemble de travaux expérimentaux ont montré que les réactions des personnes non handicapées face aux sujets appelés «handicapés mentaux» sont loin d'être univoques. La figure 4 indique que la marge des variations à chacun des stades du phénomène peut être importante, voire imprévisible.

L'expérience de Severance et Gasstrom (1977) illustre ce fait. Les auteurs proposent à des adultes non handicapés d'apprécier les performances à diverses tâches perceptivo-motrices de sujets étiquetés «normaux» et «handicapés mentaux». En cas de réussite, les résultats des personnes libellées «handicapées» sont crédités à l'effort, au dépassement de soi-même. Par contre, l'échec est attribué, selon les observateurs, soit à la difficulté trop importante de la tâche, soit à la limitation des capacités intellectuelles des sujets handicapés. Les revues de

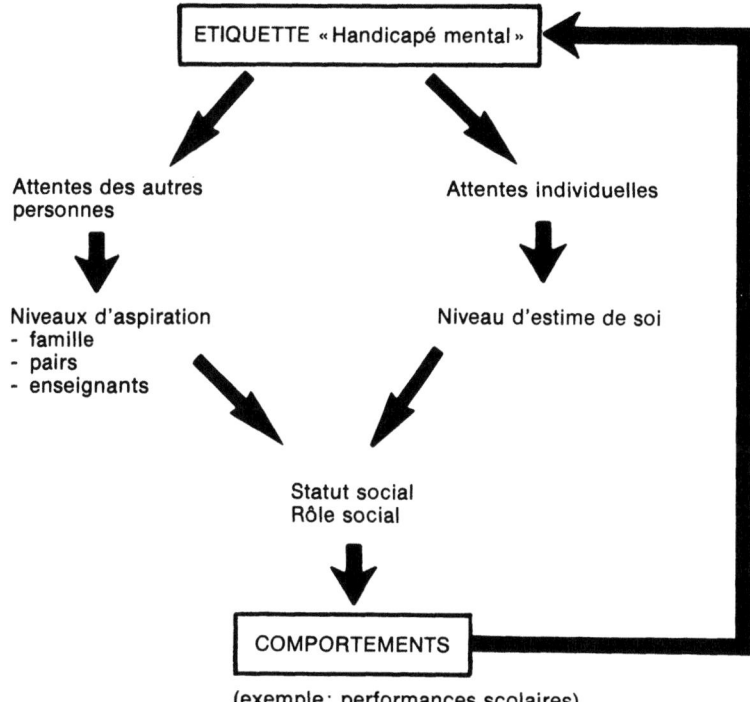

Figure 4. *Le phénomène de l'étiquetage.*

la littérature présentées par Mac Millan (1974) et Guskin (1978) indiquent qu'il n'existe pas de réaction type au label « handicapé mental ».

De nombreuses variables entrent en jeu pour expliquer les réactions. Pour Reschly et Lamprecht (1979), la durée d'exposition au label est un facteur important dans la détermination des attitudes de tolérance présentées par les personnes normales à l'égard des réalisations des personnes handicapées. Moins les sujets normaux disposent de temps pour observer les comportements d'un individu handicapé mental, plus ils émettent des avis négatifs sur ce comportement.

Lorsque l'on envisage les réactions d'enfants normaux vis-à-vis de leurs pairs handicapés mentaux, il est important de contrôler l'univers social dans lequel évoluent les sujets non handicapés. A notre connaissance. il n'existe pas d'étude analysant l'influence des attitudes parentales face aux handicapés sur les comportements de leurs enfants normaux. Par contre, des travaux ont montré comment les enseignants de classes régulières pouvaient déterminer, volontairement ou non, un ensemble d'attitudes chez leurs élèves. Gillung et Rucker (1977) proposent à des enseignants de classes régulières et spéciales des questionnaires destinés à évaluer les progrès réalisés par des enfants étiquetés ou non handicapés mentaux légers. Les élèves normaux des classes régulières sont invités à leur tour à donner leur avis sur le comportement de leurs pairs libellés « handicapés mentaux ». Les réactions des enseignants des classes régulières induisent directement celles de leurs élèves normaux. D'une manière générale, les enseignants ont un seuil d'aspiration peu élevé vis-à-vis des performances académiques et sociales des élèves désignés comme handicapés. Foley (1979) demande à des enfants normaux d'évaluer les acquis de leurs pairs handicapés mentaux légers. Tout comme pour l'expérience précédente, l'étude se déroule dans des classes régulières intégrées où se côtoient enfants normaux et handicapés. Que ce soit au niveau des acquis en écriture, lecture et calcul, ou sur le plan des comportements d'interaction sociale, les jugements des enfants normaux correspondent point par point à ceux des enseignants. C'est ainsi qu'un enfant handicapé mental désigné par le maître comme « paresseux » sera également perçu comme tel par les élèves, indépendamment de son comportement. De telles données ont évidemment des implications directes pour la formation des enseignants dans les Ecoles Normales.

De rares travaux ont mis en évidence des effets positifs du labeling. Budoff et Siperstein (1977) montrent comment des enfants normaux peuvent être plus tolérants envers les maladresses d'un enfant désigné comme handicapé mental et duquel ils n'attendent pas de performances idéales, plutôt qu'envers un enfant non étiqueté « handicapé » pour lequel il n'y a pas d'explication a priori du mauvais niveau de performance. Demandant à des mères d'enfants normaux de coter sur une échelle de distance sociale (acceptation - rejet) des enfants désignés arbitrairement comme handicapés mentaux et normaux,

Seitz et Geske (1977) indiquent que plus l'enfant est perçu comme handicapé, plus il exerce une attraction positive sur les mères. Dans une expérience déjà classique, Kurtz et al. (1977) ont réparti des enseignants en deux groupes, chaque groupe se voyant attribuer une tâche précise: lire et expliquer un conte à un enfant étiqueté handicapé mental ou normal. En réalité, tous les enfants étaient normaux et ne posaient aucun problème particulier d'apprentissage. En face d'un enfant appelé handicapé mental, les enseignants ont émis non seulement plus de conduites éducatives adaptées à la compréhension de l'histoire lue, mais ont également modifié l'ensemble de leurs comportements non verbaux, permettant ainsi un maximum de contacts entre eux et les enfants.

Comme on peut s'en rendre compte, les effets de l'étiquetage sur les réactions des personnes non handicapées s'intègrent dans la constellation des conduites adoptées par tout individu à l'égard de ses partenaires sociaux, selon son expérience, ses attitudes face à la déviance et le contexte dans lequel il évolue.

Les effets des étiquettes sur les personnes handicapées

Il s'agit de l'unique dimension du phénomène d'étiquetage pour lequel il existe une unanimité au niveau des résultats. Incontestablement, tous les handicapés mentaux qui ont pris conscience du fait qu'ils portent cette étiquette demandent à être dissociés du groupe englobé sous l'appellation. Cette constatation s'applique aux handicapés mentaux légers et à certains handicapés mentaux modérés possédant les bases cognitives suffisantes pour comprendre les implications d'une dénomination particulière. Il ne fait plus guère de doute que les enfants n'aiment pas être appelés «handicapés mentaux» (voir Guskin, 1978, pour une revue des études).

L'identification de sujets ne répondant pas à certaines normes d'adaptation scolaire aboutit généralement à délivrer à ces sujets une étiquette, celle de handicapé mental. Les données manquent aujourd'hui pour établir de manière univoque les effets de l'étiquetage. Le label recouvre une diversité de phénomènes qui doivent encore être clarifiés et explorés empiriquement. Il serait certes tentant de se retrancher derrière l'écran de la science et prétendre que l'on ne doit pas agir en l'absence de données expérimentales dûment contrôlées. Deux constatations nous amènent cependant à demander que l'utilisation des étiquettes dans le domaine du handicap mental, et notamment en ce qui concerne la catégorie du handicap mental léger, soit rigoureusement contrôlée par les instances responsables de l'éducation, et à souhaiter instamment que cesse la pratique actuelle qualifiant de handicapé mental tout sujet qui ne possède pas un quotient intellectuel au moins égal à 90. D'une part, il existe un consensus dérivé de rapports anecdotiques : dans un groupe donné, toute appellation désignant un individu sortant de la norme est souvent associée à des comportements de rejet émanant de l'ensemble du groupe. D'autre part, les handicapés mentaux légers supportent mal le fait d'être désignés comme tels. Cette seconde raison devrait justifier à elle seule la mise en place d'une double action : la sensibilisation des personnes non handicapées au phénomène du handicap mental et l'élargissement des catégories nosologiques traditionnelles par l'introduction d'instruments d'évaluation susceptibles de mettre en évidence les différences interindividuelles.

3. ARGUMENTS PSYCHOPEDAGOGIQUES

Au début de ce chapitre, nous avons souligné combien les bases empiriques sur lesquelles reposent les arguments des partisans et adversaires de l'enseignement spécial sont ténues. Lorsque Dunn (1968) déclarait que l'enseignement spécial avait échoué dans sa mission éducative, il ne disposait d'aucune donnée scientifique : qu'en est-il actuellement ? Possède-t-on des résultats sur l'efficacité de l'enseignement spécial pour les enfants handicapés mentaux ? Parallèlement, dispose-t-on des bases empiriques permettant d'asseoir une politique d'intégration des handicapés mentaux dans les classes régulières ? C'est à ces questions que nous allons tenter d'apporter des éléments de réponses dans les pages suivantes, tout en précisant que la totalité des travaux s'intéresse aux handicapés mentaux légers. Il n'existe en effet aucun modèle envisageant l'intégration des handicapés plus graves dans l'enseignement régulier.

Au terme d'une revue exhaustive de la littérature, Kaufman et Alberto (1976) recensaient 26 études qui, de 1936 à 1975, ont tenté de mesurer l'efficacité d'un système spécialisé pour les élèves handicapés mentaux légers. Le moins que l'on puisse dire est que l'ensemble des données offre un tableau peu cohérent. Les résultats sont souvent discordants, voire contradictoires. Aucune étude expérimentale digne de ce nom n'est parvenue à mettre en évidence la supériorité de l'enseignement spécialisé. Dans la ligne de Kaufman et Alberto, Corman et Gottlieb (1978) se sont interrogés sur les conséquences de l'intégration des sujets handicapés légers au sein de classes régulières. C'est sur le schéma proposé par ces auteurs que nous allons développer la discussion en y ajoutant les recherches récentes. Trois dimensions pertinentes peuvent servir de trame à l'exposé: l'étude des niveaux académiques atteints par les sujets handicapés intégrés, l'analyse de leur degré d'adaptation sociale et les attitudes du personnel scolaire vis-à-vis du phénomène de l'intégration.

Niveau académique et performances scolaires

Diverses études se sont attachées à comparer les performances scolaires d'enfants handicapés mentaux légers en classes spéciales à celles d'enfants handicapés intégrés dans des écoles régulières, soit en classe préparatoire, en classe régulière disposant d'un local réservé à des activités spécifiques d'apprentissage, ou encore en classe régulière avec individualisation de l'enseignement. Bradfield et al. (1973) et Walker (1974) furent les premiers à montrer que des enfants handicapés mentaux légers ayant séjourné une ou deux années dans des classes intégrées au contact d'enfants normaux, présentaient des performances scolaires, notamment en lecture et en écriture, supérieures à celles d'enfants handicapés légers demeurés au sein de classes spéciales. Dans le même ordre d'idées, Haring et Krug (1975) ont comparé les résultats de deux groupes d'enfants handicapés légers (âge chronologique moyen = 12 ans), appariés pour l'âge mental, le premier restant dans l'enseignement spécial, le second fréquentant pendant deux ans des classes régulières. Au terme de l'étude, les auteurs ont enregistré un gain de 13.5 mois en lecture et un gain analogue en arithmétique en faveur des élèves intégrés en classes régulières. Des conclusions semblables ont été rapportées par Cantrell et Cantrell (1976). Ces résultats et bien d'autres tendraient à vanter les vertus d'un enseignement intégré au niveau de la qualité des performances scolaires des enfants handicapés... s'il n'existait un nombre équivalent d'études offrant des données diamétralement opposées (Corman et Gottlieb, 1978). Par exemple, Lewis (1973) a entrepris de comparer les effets de quatre environnements scolaires chez des jeunes enfants handicapés mentaux légers (âges chronologiques = 6 à 10 ans; Q.I. moyen = 70). Le groupe 1 a été déclaré «apte à l'enseignement spécial», mais fréquente néanmoins un enseignement régulier. Le groupe 2 est placé en enseignement spécial. Le groupe 3 fréquente des classes spéciales intégrées dans des écoles régulières. Le groupe 4 est placé dans des classes d'adaptation où est dispensé un enseignement individuel pour certaines matières, le reste du temps les élèves sont accueillis dans des classes régulières. Au terme d'une année scolaire, Lewis n'a enregistré aucune différence entre les groupes d'élèves sur le plan de leurs performances en calcul et en lecture. Lors d'une des rares recherches ne souffrant aucune critique méthodologique, Budoff et Gottlieb (1976) ont sélectionné 31 enfants (A.C. = 7 ans 9 mois - 14 ans; Q.I. moyen = 70) et les ont répartis en deux groupes, l'un intégré dans le système régulier, l'autre demeurant dans l'enseignement spécial. Les enfants intégrés bénéficiaient de cours individualisés délivrés, à raison de 40 minutes par jour, par un personnel qualifié. Au terme de l'expérience, soit 10 mois après l'intégration, les auteurs n'ont enregistré aucune différence entre les deux groupes au niveau des progrès réalisés en calcul, lecture et écriture. Nous pourrions multiplier ainsi les exemples de recherche n'apportant pas de preuves quant à la supériorité de l'enseignement intégré.

Force est de constater qu'il n'existe actuellement pas d'évidence permettant de mettre en exergue les vertus d'un type d'enseignement par rapport à un autre. Pour Corman et Gottlieb (1978), la variable première à prendre en considération dans l'analyse des performances scolaires d'enfants intégrés ou non est l'utilisation de techniques particulières d'enseignement et non le fait que ces techniques sont utilisées dans un environnement donné, spécial ou régulier.

Le niveau d'adaptation sociale

Comment les handicapés mentaux intégrés dans des classes régulières sont-ils perçus par les autres personnes, leurs pairs normaux et leurs enseignants? Comment se perçoivent-ils eux-mêmes? C'est autour de ces deux questions que se sont centrées plusieurs études destinées à mesurer l'ajustement social des élèves handicapés mentaux. Contrairement au domaine des performances scolaires où il est malaisé de dégager des lignes directrices dans les résultats, l'analyse de l'adaptation sociale, à partir du niveau d'acceptation témoigné par les personnes non handicapées envers les handicapés, offre des constantes que l'on peut résumer comme suit:

- D'une manière générale, les recherches aboutissent à la conclusion que les enfants handicapés mentaux légers intégrés sont peu acceptés au sein des groupes d'enfants formant les classes régulières (Gottlieb et Budoff, 1973; Gottlieb et Davis, 1973; Corman et Gottlieb, 1978). Récemment, une étude de Cavallaro et Porter (1980) a confirmé cette donnée en montrant que dans un groupe réunissant des enfants normaux et handicapés légers âgés de 5 ans, la sélection des partenaires pour le jeu se réalisait uniquement au sein des groupes d'enfants normaux, d'une part, et d'enfants handicapés, d'autre part. On est cependant en droit de se demander si les études ayant abordé ce problème ont suffisamment contrôlé la variable «niveau cognitif» des enfants en présence. Un simple regard dans la salle de jeux d'un jardin d'enfants indique que ceux-ci sélectionnent leurs partenaires en fonction de leur niveau de développement, cela afin de trouver soit un interlocuteur compétent, soit un compagnon de jeu disposant de capacités motrices et cognitives analogues. Si l'on observe qu'un enfant âgé de 4 ans recherche la compagnie d'un autre enfant ayant approximativement le même âge et délaisse, par exemple, un enfant âgé de 2 ans, on ne peut en conclure que ce dernier est moins bien accepté par son aîné. Or, selon nous, c'est le type de raisonnement qu'ont utilisé les auteurs pour conclure à la moins bonne acceptation des élèves handicapés mentaux légers par leurs pairs normaux. Une expérience de Strichart et Gottlieb (1975) tendrait à montrer que le niveau cognitif des sujets en présence joue un rôle important dans les conduites de choix du partenaire social. Ces auteurs mettent en contact des enfants handicapés mentaux (A.C. = 9-12 ans; Q.I. moyen = 70) et des enfants normaux de mêmes âges mentaux durant la réalisation d'une tâche. Trois groupes d'enfants handicapés sont différenciés : un groupe plus compétent que le groupe normal au niveau de la performance, un groupe de compétence égale et un groupe moins compétent. En fait, les enfants normaux imitent le comportement des enfants handicapés très compétents. De plus, les sujets handicapés ayant joué le rôle de modèle sont significativement plus choisis comme partenaires de jeu par les enfants normaux. Il est donc indispensable de procéder à une étude approfondie des variables incluses dans les notions d'acceptation et de rejet. Peut-être ne sommes-nous pas en présence d'un même continuum d'attitudes dont ces conduites constitueraient les pôles extrêmes, mais plutôt s'agirait-il de deux dimensions séparées, façonnées chacune par des facteurs différents ?

- Le faible niveau d'acceptation sociale dont jouissent les enfants handicapés mentaux légers au sein des classes intégrées n'est pas dû au fait qu'ils ont été étiquetés antérieurement « handicapés mentaux» (Iano et al., 1975), ni à la présence d'une fréquence élevée de conduites inappropriées dans leur répertoire comportemental (Budoff et Gottlieb, 1976). De même, la durée de l'intégration en classe régulière ne modifie pas le niveau d'acceptation sociale. Par exemple, Monroe et

Howe (1971) ont sélectionné des adolescents retardés mentaux dans cinq classes régulières, soit au total 70 garçons (A.C. = 13-16 ans; Q.I. moyen = 73). En administrant un questionnaire d'adaptation sociale (Ohio Acceptance Social Scale), les auteurs montrent qu'il n'existe pas de différences entre les scores obtenus par les groupes de sujets respectivement intégrés depuis un, deux et trois ans. Par contre, la classe sociale dont est issu le handicapé joue un rôle important dans le phénomène d'acceptation par ses pairs normaux: les handicapés provenant de milieux socio-économiques défavorisés présentent les scores d'ajustement les plus faibles.

Quels sont dès lors les déterminants de l'acceptation et du rejet? Les données disponibles ne permettent pas de répondre de manière précise à cette question. Récemment, les recherches se sont orientées vers les comportements des enseignants de classes accueillant à la fois des enfants normaux et handicapés. Une grande part de la variance dans les attitudes des enfants normaux vis-à-vis de leurs pairs handicapés mentaux serait expliquée par les perceptions qu'ont les enseignants de leurs élèves handicapés (Gickling et Theobald, 1975; Corman et Gottlieb, 1978). Ces travaux démontrent que plus un enfant handicapé mental est perçu comme déviant par l'enseignant, et désigné comme tel en présence de ses pairs durant les heures de classe, plus il sera rejeté par les élèves normaux. Avant de conclure que l'acceptation des enfants handicapés mentaux dans des classes régulières passe par une modification profonde des comportements des enseignants, d'autres données sont évidemment nécessaires. Il est toutefois important de noter que, tout comme pour le phénomène de l'étiquetage, certains comportements présentés par les enfants normaux à l'égard des enfants handicapés mentaux sont directement influencés par les attitudes des adultes.

Face à ces réactions, somme toute peu favorables, on est en droit de se demander comment se perçoivent les enfants handicapés mentaux fréquentant un enseignement intégré. Fait surprenant, il ressort des études que ces enfants ont non seulement plus d'attitudes positives envers l'école et les disciplines qui y sont enseignées, mais possèdent également un plus haut degré d'estime de soi que leurs pairs handicapés restés dans l'enseignement spécial (Budoff et Gottlieb, 1976; Corman et Gottlieb, 1978). Actuellement, on ne peut que prendre note de cette donnée. Si elle se révélait généralisable à l'ensemble des élèves handicapés mentaux légers fréquentant des classes régulières, nous serions là en présence d'un argument fondamental justifiant l'intégration.

Les attitudes du personnel scolaire face à l'intégration

Le succès des expériences d'intégration repose en fait sur les épaules du personnel enseignant et administratif des écoles régulières, et notamment sur la manière dont ils acceptent la présence d'enfants handicapés mentaux légers au sein des établissements. Peu d'études ont abordé cet aspect du problème. Shotel et al. (1972) montrent que chez 59 enseignants titulaires de classes intégrées, l'accroissement des attitudes négatives envers l'intégration est directement proportionnel à la durée de l'expérience vécue. A partir des réponses de 252 enseignants de classes régulières, Meyers et al. (1975) rapportent que 59 % d'entre eux estiment que la présence d'enfants handicapés mentaux légers n'a pas d'impact sur l'éducation des élèves normaux. Dans cette même étude, une faible proportion d'enseignants, soit 29 %, se déclarent favorable à l'intégration. Deux recherches ont cerné les attitudes des directeurs d'écoles (Payne et Murray, 1974; Guerin et Szatlocky, 1974). Ceux-ci sont généralement plus favorables à l'intégration que leurs enseignants. Peut-être cette attitude est-elle dictée par le fait qu'aucune tâche d'enseignement ne leur incombe?

Si on accepte l'hypothèse selon laquelle les attitudes du personnel scolaire représentent l'élément critique du succès de l'intégration, une question importante se pose. Pourquoi y a-t-il tant d'enseignants qui adoptent une réaction peu favorable vis-à-vis de l'acceptation d'élèves handicapés mentaux légers au sein de leur classe ? Plusieurs raisons peuvent être avancées. La première consiste en un manque évident d'information sur les principes et les buts de l'intégration (Aanes et Haagenson, 1978). La seconde est liée à un ensemble de préjugés concernant les niveaux d'aspiration scolaires et comportementaux que l'on peut atteindre avec les élèves. Gillung et Rucker (1977) démontrent cependant que cette attitude n'est pas le privilège des enseignants des classes régulières, mais se rencontre également chez les titulaires de classes spéciales et, fait inquiétant, s'accroît avec les années de pratique dans l'enseignement spécial: plus un enseignant reste dans le spécial, moins il exige de ses élèves en termes d'acquis scolaires et comportementaux. D'autre part, certaines habitudes prises par les enseignants des classes spéciales ne plaident pas en faveur du sérieux de leur action éducative. Flynn (1978) demande à 16 enseignants de classes spéciales et à 35 enseignants de classes régulières d'évaluer les rapports scolaires de 61 enfants normaux et handicapés mentaux. Tous les enseignants de classes spéciales cotent significativement plus haut les élèves, qu'ils soient normaux ou handicapés, que leurs collègues de l'enseignement régulier et cela dans des proportions doubles ou triples. La dernière raison susceptible d'expliquer les réticences des maîtres des classes régulières face à l'intégration réside dans le fait que bon nombre d'entre eux s'estiment incompétents et mal formés pour enseigner à des élèves handicapés mentaux (Shotel et al., 1972; Gickling et Theobald, 1975). La planification de l'intégration exige dès lors une analyse des variables expliquant certaines attitudes d'opposition rencontrées chez les enseignants des classes régulières.

Faut-il un enseignement spécial pour les enfants handicapés mentaux? Telle était la question posée au début de ce chapitre. Tout en se rappelant qu'elle n'est formulée que pour une catégorie des handicapés mentaux, à savoir les sujets retardés mentaux légers, nous devons admettre que nous ne disposons actuellement d'aucun élément définitif de réponse permettant de justifier l'existence d'un réseau éducatif séparé de l'enseignement régulier. D'autre part, aucune preuve tangible ne réussit à mettre en évidence la supériorité d'un système intégré. Les discordances et les contradictions des données fournies par les recherches traduisent la complexité des variables en présence.

Le problème de la comparaison des effets respectifs de l'enseignement régulier et de l'enseignement spécial sur l'éducation des enfants handicapés mentaux ne peut être résolu sans le recours à une vaste expérimentation scientifique, dûment contrôlée, abordant chacune des variables envisagées ci-dessus. Selon nous, une telle entreprise est réalisable, à condition de dépasser certains obstacles inhérents à la thématique abordée.

Le premier écueil méthodologique est celui de la sélection des sujets permettant la validité expérimentale des comparaisons. Kaufman et Alberto (1976) montrent que les deux modes de sélection habituellement utilisés par les chercheurs, l'emploi de groupes préexistants ou la création de nouveaux groupes, entraîne des confusions dans l'interprétation des résultats. En effet, dans le premier cas, il est raisonnable de penser que l'histoire scolaire des enfants placés en enseignement spécial n'est pas identique à celle d'enfants de capacités intellectuelles équivalentes, mais étant restés dans l'enseignement régulier. Les raisons du placement préférentiel demeurent obscures dans la plupart des cas. Il est certain que diverses variables entrent en jeu. Parmi celles-ci, citons: la présence de handicaps physiques associés, le contexte familial et socioculturel, la mise en évidence de problèmes comportementaux susceptibles d'entraîner des perturbations au sein des classes régulières. La procédure de sélection consistant à créer des groupes nouveaux, puis à les intégrer dans l'enseignement régulier, entraîne également des difficultés d'interprétation. Ici se posent les problèmes liés à l'appariement des groupes (âge, milieu social d'origine, sexe, etc.) et à l'histoire comportementale des sujets, le placement en enseignement spécial ne se réalisant pas au même âge chronologique pour tous les élèves jugés handicapés mentaux légers.

Le second obstacle méthodologique a trait à la classe et à l'organisation des programmes d'enseignement. La question principale est en effet de savoir si un programme éducatif remplit ses finalités. Or, dans la plupart des études mentionnées ci-dessus, les auteurs ne spécifient pas en quoi les classes spéciales se différencient des classes régulières. Trois variables doivent être rigoureusement contrôlées (Lambert, 1979b) : la compétence de l'enseignant, le contenu du programme éducatif et la mesure des performances. Au niveau du programme, remarquons toutefois que par définition l'enseignement spécial est, ou devrait être, différent de l'enseignement régulier. Il est donc nécessaire de tenir compte, non de différences de scores entre les deux systèmes, mais bien des gains ou des pourcentages de gains réalisés, cela afin d'égaliser les critères de comparaisons. Toutefois, comme le souligne Rondal (1976), l'attention doit être retenue sur le fait que la comparaison entre des programmes d'enseignement peut nous entraîner dans un raisonnement circulaire : l'adaptation meilleure de l'enseignement en classes spéciales ne peut procéder que d'une démonstration de la supériorité de cet enseignement pour l'éducation d'enfants qui sont du ressort des classes spéciales.

Le dernier point méthodologique soulevé par les études comparatives est l'utilisation d'instruments de mesure appropriés à l'évaluation des performances scolaires et de l'adaptation sociale. Pour régler les points importants que sont la validité et la sensibilité des instruments — rappelons que nous ne possédons aucun instrument en langue française susceptible de mesurer les performances académiques des sujets handicapés mentaux — il est nécessaire de procéder à une standardisation des programmes d'enseignement.

Le lecteur avisé nous rétorquera qu'un tel luxe de précautions méthodologiques n'est pas compatible avec l'obtention rapide de résultats. Et c'est pourtant dans la nécessité d'une expérimentation que réside la solution de la problématique intégration-ségrégation. Après l'enthousiasme avec lequel a été accueillie la création de l'enseignement spécial, nous sommes aujourd'hui en présence d'un mouvement d'idées radicalement différent, proposant l'intégration d'une grande proportion d'enfants handicapés mentaux dans l'enseignement traditionnel et cela, sans aucune base scientifique définitive. S'il est vrai que des enfants sont identifiés à tort « handicapés mentaux légers » et placés par erreur dans l'enseignement spécial, il est tout aussi probant que des enfants vont être amenés à fréquenter un enseignement régulier non adapté à leurs besoins.

Pour ces derniers, les erreurs d'orientation seront tout aussi lourdes de conséquences que celles commises à l'égard des enfants placés en classes spéciales sans motif valable. Continuerons-nous longtemps à fermer les yeux devant de telles pratiques? Peut-on délibérément laisser certaines personnes, la plupart du temps ayant des fonctions administratives éloignées de toute pratique éducative, poursuivre leur rôle d'apprenti sorcier en déclarant aujourd'hui, selon leur humeur ou le contenu du dernier ouvrage lu, que l'enseignement spécial n'est pas valable, avant de proclamer demain que l'intégration est un échec? Il est grand temps d'aborder la réalité en face et de se convaincre que la recherche d'un système d'enseignement, adapté à la fois aux multiples besoins des enfants handicapés mentaux légers et à ceux de leurs enseignants, passe par une expérimentation sérieuse, de longue haleine, laquelle devra mobiliser au cours des prochaines années une grande partie des efforts des chercheurs et praticiens dans le domaine du handicap mental.

Chapitre 3
Quelques mises au point

1. IL Y A INTEGRATION ET INTEGRATION

L'engouement récent suscité par les thèses prônant l'intégration scolaire des élèves handicapés mentaux est identique à celui qui a accueilli le développement de l'enseignement spécial durant les années soixante. Depuis 1970, date des premières expériences aux Etats-Unis et dans les pays scandinaves, rarement un domaine du handicap mental n'a entraîné plus d'écrits, conférences, symposia et colloques que le problème de l'intégration. En Europe francophone, la notion d'intégration commence à faire son chemin parmi les instances administratives, les responsables de l'éducation et, aussi, le corps enseignant. Ce courant n'est pas issu de la recherche éducationnelle — le chapitre 2 montre combien les bases scientifiques de l'intégration sont encore ténues —, mais est l'émanation d'un ensemble de considérations éthiques, philosophiques et politiques. Toute discussion sur l'intégration doit, au préalable, tenir compte de ce fait. Les idées sur le retour d'une partie des enfants handicapés mentaux légers dans l'enseignement régulier sont l'aboutissement d'une évolution dans la prise en charge de ces sujets. Ce sont des critères socio-politiques — les handicapés mentaux légers ont été assimilés aux autres groupes minoritaires de la société — qui ont déterminé l'intégration. L'absence de données scientifiques définitives se traduit par de nombreuses hésitations au niveau de l'application du principe. La controverse permanente est le trait distinctif, la trame essentielle des écrits relatifs à l'intégration. Témoins ces trois dates dans les publications. Si l'on se rappelle que les premières applications du principe d'intégration datent aux Etats-Unis des années 1969-1972, il faut attendre 1976 pour voir la parution de la première mise au point théorique (Mac Millan et al., 1976). Ces auteurs présentent une définition opérationnelle de l'intégration — tenant compte à la fois des enfants handicapés mentaux légers et du système régulier dans lequel ils peuvent être placés —, émettent des recommandations précises quant à la nécessité de préparer l'enseignement régulier à accueillir les handicapés mentaux et d'analyser rigoureusement chacune des étapes du processus. Nous pouvons supposer que ces conseils n'ont guère été suivis. En effet, deux années plus tard, Aanes et Haagenson (1978) concluent, au terme d'une enquête approfondie auprès du personnel éducatif s'occupant d'enfants handicapés mentaux, que les principes de normalisation et d'intégration ne sont pas compris par ces personnes. Ils intitulent d'ailleurs leur article : «Normalisation = attention à un désastre conceptuel». Plus récemment encore, un débat a opposé trois «ténors» de l'enseignement spécial aux Etats-Unis (in *Mental Retardation*, revue officielle de l'American Association on Mental Deficiency, décembre 1979, volume 17), débat dont il ressort clairement qu'aucun consensus n'existe entre les responsables sur les modalités d'implantation du principe d'intégration.

La notion d'intégration est issue d'une argumentation recommandant l'arrêt de tout processus discriminatoire à l'égard des handicapés mentaux, tout en permettant à une partie d'entre eux de bénéficier des conditions scolaires qui sont celles des enfants non handicapés. Personnellement, nous souscrivons entièrement à cette idée et sommes convaincu qu'un mouvement irréversible s'est déclenché. Cette conviction ne doit cependant pas supprimer toute interrogation. Croire à l'intégration, en tant que principe, n'est pas suffisant. Encore faut-il concrétiser cette notion. Le fait que l'intégration est assise sur des considérations philosophiques et politiques ne suffit pas à justifier a priori son efficacité. Que le lecteur nous permette de lui faire partager nos craintes quant aux effets négatifs susceptibles de découler d'une intégration mal comprise, bâclée et installée en l'absence de données empiriques, sans souci de contrôle scientifique. Les remarques suivantes nous paraissent importantes pour une éventuelle application efficace du concept.

Tout d'abord, l'intégration ne doit pas être considérée comme le simple retrait d'une étiquette — certains enfants ne sont plus appelés handicapés mentaux — ou le retour dans l'enseignement régulier de sujets placés auparavant, pour une raison ou l'autre, dans l'enseignement spécial. L'intégration est au contraire un processus actif.

En second lieu, sur le plan conceptuel, la notion d'intégration comprend à la fois le principe et son application. Au niveau du principe, nous affirmons qu'une partie des enfants handicapés mentaux légers peuvent fréquenter un enseignement au sein de classes régulières. Ce principe est une décision morale. Il doit être appliqué dans l'administration scolaire, la méthodologie et la didactique, ainsi que chez les enseignants. L'intégration est trop souvent présentée, même par des enseignants spécialisés peu informés, comme une panacée. Si ses modalités d'application ne sont pas soigneusement étudiées, les échecs seront alors interprétés comme des preuves de l'inadéquation du principe pour le domaine du handicap mental. Mac Millan et al. (1976) font une analyse intéressante entre l'intégration et l'effort de déségrégation raciale entrepris il y a une dizaine d'années dans le réseau scolaire américain. Pour certains, l'intégration ne signifie rien de plus qu'un placement physique, c'est-à-dire installer les handicapés mentaux légers dans des classes régulières, entre les mêmes murs que leurs pairs non handicapés. Au départ, la déségrégation raciale s'est réalisée sur un modèle identique: des enfants noirs ont été amenés dans des écoles à majorité blanche, au contact d'une diversité de groupes ethniques. Les responsables réalisèrent alors que de simples contacts physiques entre enfants noirs et blancs ne suffisaient pas à créer l'intégration raciale et que la déségrégation et l'intégration étaient deux processus différents. De même, le placement d'enfants handicapés mentaux légers dans des écoles régulières est une étape; permettre leur adaptation, leur réussite sociale et académique en est une autre.

Troisièmement, on peut se demander si l'enseignement régulier est prêt à recevoir subitement des enfants qui — ne perdons pas de vue cette réalité — n'ont pu s'adapter antérieurement à ce type d'enseignement. D'une part, les enfants ont-ils réalisé dans l'enseignement spécial les acquis indispensables pour être intégrés dans le cycle régulier? Les données disponibles à ce sujet ne sont guère optimistes (Kaufman et Alberto, 1976). D'autre part, l'enseignement régulier a-t-il suffisamment évolué pour accueillir des élèves qu'il avait auparavant rejetés?

Un quatrième argument justifiant le recours à une recherche scientifique rigoureuse réside dans la préparation du personnel de l'enseignement régulier. La grande majorité de ces enseignants n'ont reçu aucune formation théorique dans le domaine du handicap mental; de plus, ils n'ont guère eu de contacts préalables au niveau pratique avec des enfants handicapés mentaux. Il y a tout lieu de craindre que ces enseignants soient peu armés pour affronter des classes intégrées, indépendamment de leur valeur pédagogique lorsqu'ils sont en présence d'enfants normaux. Le manque d'enthousiasme affiché par de nombreux enseignants à l'égard de l'intégration est compréhensible. A nos yeux, une solution consiste à ne désigner comme titulaires de classes intégrées que les personnes possédant un diplôme d'enseignant spécialisé. Espérons que cette exigence minimale sera consignée dans les textes des lois qui, tôt ou tard, régiront au sein des différentes régions l'intégration scolaire d'une partie des enfants handicapés mentaux légers.

Dans l'ensemble de nos propos, nous n'envisageons l'intégration que durant la période de la scolarité primaire, soit entre

6 et 12-13 ans. Dès leur entrée dans le cycle secondaire qui, pour la majorité consistera en un enseignement professionnel, tous les handicapés mentaux légers devraient être intégrés dans des cycles réguliers, moyennant les précautions que nous venons d'énoncer. A nos yeux, il n'existe aucune base sérieuse pour maintenir la ségrégation après l'école primaire. Le système belge, par exemple, avec son enseignement secondaire de type I (pour handicapés mentaux légers, ou soi-disant tels) accorde, au terme de 5 ou 6 années, un brevet professionnel, non un diplôme. Les jeunes adultes se retrouvent alors sur le marché de l'emploi avec une simple attestation et ... les stigmates d'une longue scolarité spéciale. Quelle que soit la valeur de la formation professionnelle reçue par la personne, encore désignée à 18 ou 19 ans comme pensionnaire de l'enseignement spécial, il est incontestable que le statut dont elle jouit est inférieur à celui d'un autre sujet, de capacités identiques, mais ayant obtenu un diplôme dans l'enseignement régulier. On ne peut s'empêcher de se demander si la véhémence avec laquelle certains défendent l'enseignement spécial secondaire pour handicapés mentaux légers ne trouve pas son origine dans des considérations purement économiques. En effet, il n'est pas exagéré d'écrire que de nombreux handicapés mentaux légers constituent de véritables «aubaines» pour certains patrons d'entreprises (lesquels font en général partie des conseils d'administration, des associations scolaires et des jurys d'examens) qui bénéficieront ainsi de travailleurs qualifiés et à qui il sera aisé de rétorquer lors de revendications qu'ils «sortent du spécial et qu'ils ont bien de la chance d'avoir trouvé du travail...».

Enfin, l'intégration ne signifie pas nécessairement la constitution de classes contenant une proportion identique d'élèves handicapés mentaux et normaux. Parmi les solutions envisageables, citons :

- la classe spéciale intégrée dans une école traditionnelle. Les élèves passent plusieurs heures par jour avec un enseignant spécialisé, notamment pour les divers apprentissages scolaires. Les récréations, les repas, ainsi que toutes les activités de sports et de loisirs sont partagés avec les élèves des classes régulières;

– la classe intégrée accueillant des élèves normaux et handicapés mentaux selon une proportion à déterminer. Il n'existe à ce jour aucune étude sérieuse permettant de fixer le nombre d'enfants handicapés mentaux pouvant être intégrés dans ce type de classe. On s'accorde généralement sur le fait que ces classes doivent contenir moins d'élèves afin de permettre aux enseignants de suivre individuellement les enfants handicapés tout en ne défavorisant pas les élèves normaux;

– l'intégration d'un nombre restreint d'enfants handicapés mentaux légers — deux ou trois — dans des classes régulières de dimension normale avec la mise à la disposition des titulaires d'un ensemble de services spécifiques. Ces services se présentent comme suit, selon l'importance des problèmes éducatifs posés par les élèves handicapés :

1. matériel éducatif spécialisé servant à résoudre des problèmes d'apprentissage,
2. service de consultation proposé à l'enseignant par des maîtres spécialisés,
3. enseignants spécialisés ou attachés à la classe régulière. Ces enseignants peuvent être chargés de plusieurs écoles selon les exigences géographiques. Les élèves handicapés passent la plus grande partie de leur temps dans la classe ordinaire et ne la quittent que pour des séances d'apprentissage individuelles,
4. local avec équipement spécial. L'élève fréquente une classe ordinaire et se rend dans le local uniquement pour une rééducation spécifique. Ce local est dirigé par un enseignant spécialisé qui a la charge de tous les élèves handicapés accueillis dans l'école. L'avantage de cette solution est de permettre à l'enfant de rester en contact plusieurs heures par jour avec ses pairs, tout en bénéficiant d'une aide éducative individuelle.

2. ET QUE FAITES-VOUS DE LA RELATION?

Nul besoin d'être un collectionneur d'ouvrages traitant de l'éducation spéciale ou un spectateur assidu de colloques, réu-

nions professionnelles et autres causeries pompeusement baptisées « journées de formation » pour se rendre compte que depuis plusieurs années un mot magique régit l'ensemble des discussions sur l'éducation spécialisée. Ce mot est *la relation*. Nous le retrouvons à tous les coins de rue, que ce soit dans la formation des enseignants, la définition des objectifs ou au niveau de la didactique. On peut décrire trois grandes attitudes dans l'appréhension de la relation telle qu'elle est formulée par ses émules :
- la formulation directe, assez rare, consistant à demander : « Quelle est votre relation avec tel élève ou tel collègue ? » ou « Avez-vous de bonnes relations au sein de votre classe ? » ;
- la formulation indirecte, plus fréquente, se traduisant comme suit : « Comment vous situez-vous par rapport à ce problème ? », « Comment vivez-vous cet enfant ? », « Etes-vous certain que les autres vous perçoivent tel que vous êtes ? » ;
- la formulation détournée, astuce suprême des « relationnistes » et autres amateurs de sensations intimes, qui envisage le déclenchement de la relation en demandant — ici, il est convenu d'adopter un ton feutré et une expression empreinte de mystère — : « Et si nous faisions un carrefour dans lequel nous pourrions nous exprimer ? » ou « Un travail de groupe est nécessaire car nous devons nous situer par rapport à ce problème » ou encore « C'est à chacun de se définir à l'intérieur du groupe, cela afin de clarifier les relations ».

Se situer, s'examiner, se libérer, pratiquer l'introspection profonde, étudier ses modes de réactions, sentir son vécu et se définir par rapport à lui, percevoir les vibrations émanant des autres, s'exprimer, régler ses propres problèmes, voici les bases de la pédagogie nouvelle. Etre naturel, « sentir » les handicapés et établir la relation, voilà le secret de l'action éducative. Les méthodes destinées à atteindre cet état transcendantal sont légions. La recette la plus complète consiste à lire un livre de Rogers, quelques pages de Mannoni (pas trop, parce que la compréhension de cet auteur exige une formation de base qui risque d'être stérilisante; en apprenant, on ne vit pas), parler avec quelqu'un qui a lu des extraits de Watzlawick et de sa théorie systémique, et surtout ajouter des ingrédients personnels qui vont de la bio-énergie à la macrobiotique en passant par une esquisse de familiarisation aux arts graphiques et, délice suprême, par quelques notions de musique (uniquement de la musique d'instinct, car le solfège et l'apprentissage d'un instrument attentent à la liberté créatrice). Cette mixture, lorsqu'elle est administrée à un patient réceptif, a un effet miraculeux: l'être entre en relation avec un autre être pour faire jaillir l'étincelle libératrice, la révélation devant laquelle s'estompent tous les problèmes. Car, c'est un fait bien connu, les handicapés mentaux ne posent aucun problème pédagogique. Il n'existe pas chez eux de difficultés d'apprentissage ni, en dernière analyse, de handicap. Evaluation et intervention sont des créations d'esprits déséquilibrés cherchant à remplacer l'analyse du vécu profond par la mise en place de procédés totalitaires, dépersonnalisants et symptomatiques de leurs propre névrose. Situons-nous par rapport aux enfants handicapés, vivons cette relation et nous serons ainsi au cœur même de la pédagogie.

L'auteur tisse là un manteau d'exagérations difficilement soutenables penseront certains lecteurs. Et pourtant, la réalité est plus impressionnante encore. Il suffit pour s'en convaincre d'analyser deux phénomènes actuels. D'une part, les demandes formulées par de nombreux enseignants possédant plusieurs années de pratique vont toutes dans le sens d'une formation continue presque exclusivement centrée sur la relation. D'autre part, les attentes des futurs enseignants en cours de formation se cristallisent autour de cours théoriques et d'exercices pratiques destinés à mieux comprendre la vie relationnelle des individus. Dernièrement, deux enseignants nous ont parfaitement résumé la situation, l'un en déclarant: «Dites-nous comment nous devons être en face d'un handicapé; ce que nous devons faire pour l'éduquer, cela s'apprend sur le terrain», l'autre en affirmant: «Je suis content de faire partie du programme de formation de l'école X... Là au moins nous construisons notre programme nous-mêmes, en fonction de notre vécu et non selon un bourrage de crâne sur les procédures d'apprentissage ou sur le handicap, car, voyez-vous, cela est secondaire».

Pour nous, l'accent exclusif mis sur le vécu personnel et la relation procède à la fois de malentendus quant au statut réel de cette relation et de carences personnelles dans la formation.

Contrairement à une croyance très répandue, la connaissance de soi et de ses propres réactions face au handicap, de même que l'installation d'une relation avec l'autre sont des comportements qui ne s'acquièrent pas au travers de quelques lectures et colloques, mais qui exigent une formation sérieuse, à la fois théorique et pratique. Nous venons de citer Rogers, Mannoni et Watzlawick, considérés par beaucoup comme les messies de la relation. Assez curieusement, ceux qui avancent ces noms omettent souvent de retourner aux ouvrages de base de ces auteurs, ouvrages dans lesquels figurent des indications précises sur la manière dont ils envisagent une véritable formation. Ainsi, pour Rogers (1972), le pape de la non-directivité et de la relation fondamentale, il est incontestable que la thérapie procède d'une formation théorique et pratique personnelle très exigeante. Maud Mannoni (1976), dont le travail psychanalytique a apporté un éclairage nouveau dans la connaissance des handicapés mentaux, propose quant à elle une analyse personnelle de type analytique comme base indispensable au travail éducatif. Se servir à tort et à travers de certains passages des livres de Mannoni pour justifier une attitude ou fonder une démarche éducative, voilà qui relève de la pure fantaisie. Notre propos n'est pas d'examiner ici le bien-fondé des vues de Mannoni concernant le handicap mental, mais d'insister sur le fait que la lecture de ses ouvrages et, plus encore, la mise en pratique de ses idées exigent des bases psychanalytiques solides, passant entre autres par la connaissance des écrits de Freud et de Mélanie Klein. En ce qui concerne Watzlawick, nous ne ferons pas l'injure de demander à ceux qui le citent à tout propos s'ils ont réellement lu les premières pages d'un de ses ouvrages. Le créateur de la théorie systémique est pourtant on ne peut plus explicite sur la nécessité d'une formation lorsqu'il indique que le thérapeute doit à la fois disposer d'une formation sérieuse et de qualités humaines considérables pour être à même de mener à bien son action (Watzlawick et al., 1972).

Un second malentendu très fréquent consiste à conférer à la relation une existence autonome, à la considérer comme une entité indépendante, située quelque part dans le psychisme de l'individu, une force mystérieuse, début et fin de toute action, à la fois cause et conséquence du vécu. Qu'un enfant handicapé mental sévère ne parvienne pas à manger seul, c'est la relation avec son éducatrice qui se trouve remise en question. De même, on attribuera à la relation les causes de l'échec scolaire d'un enfant handicapé mental léger. La démarche consistant à donner un statut explicatif à une entité impalpable est certes fréquente dans les domaines de l'éducation et de la psychologie. Cependant, au-delà des querelles d'écoles qui cherchent à expliquer le pourquoi des réactions humaines, un fait s'impose: tout comportement, toute conduite, n'émerge pas du néant, mais prend au contraire ses racines dans une organisation déterminée que l'on appelle, selon les modes et les écoles, structures, prérequis, schèmes, pulsions, etc. La relation n'échappe pas à cette règle. Pour qu'il y ait relation, il est nécessaire que soient installés des fondements qui, chez l'humain, vont de l'organique à l'affectif, des conduites sensori-motrices élémentaires du nouveau-né au développement de la pensée abstraite. La relation n'est qu'un élément des interactions multiples et complexes survenant entre un individu, donné biologique irréductible, et le milieu dans lequel il évolue. Que les sujets soient handicapés ou non, la relation, une composante de l'expression du développement social, se construit.

Envisagée comme déterminant unique et moteur essentiel de l'éducation des handicapés mentaux, la relation n'est souvent que le prétexte à l'inaction, le refuge de l'incompétence, surtout lorsqu'elle s'accompagne d'une pseudo-théorisation considérant toute forme d'apprentissage comme une entrave au développement. Les figures 5 et 6, illustrant chacune une expérience que nous avons menée auprès d'enseignants partisans des thèses relationnelles dans le handicap mental, offrent deux exemples des pièges dans lesquels tombent certaines personnes. Dans une première expérience, nous avons évalué les interactions verbales survenant entre un instituteur et ses élèves handicapés mentaux légers (A.C. = 7-9 ans; Q.I. moyen = 68) lors de séances destinées « à résoudre certaines tensions récentes survenues au sein de la classe », tensions empêchant l'enseignant d'établir, selon ses propres termes, « des relations constructives avec ses élèves ». Tout test statistique est superflu pour montrer que cet enseignant a une curieuse notion de la communication: il occupe en fait 89,6 % du temps de parole, le reste étant mis gracieusement à la disposition de ses 12 élèves. Nous avons répété l'observation 3 mois après, dans la même classe, au cours d'une leçon de communication portant au tableau noir ce titre évocateur: « J'apprends à parler à mes amis ». Incontestablement, l'enseignant est le seul à profiter de

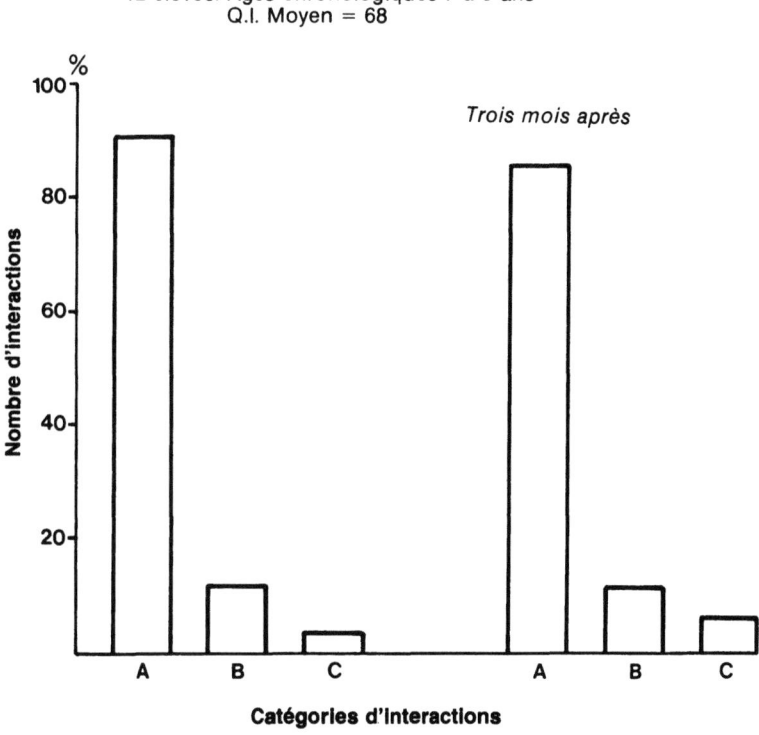

Catégories d'interactions. A = l'enseignant parle aux élèves. B = les élèves parlent à l'enseignant. C = les élèves parlent entre eux.

Figure 5. Interactions verbales enseignant-élèves.

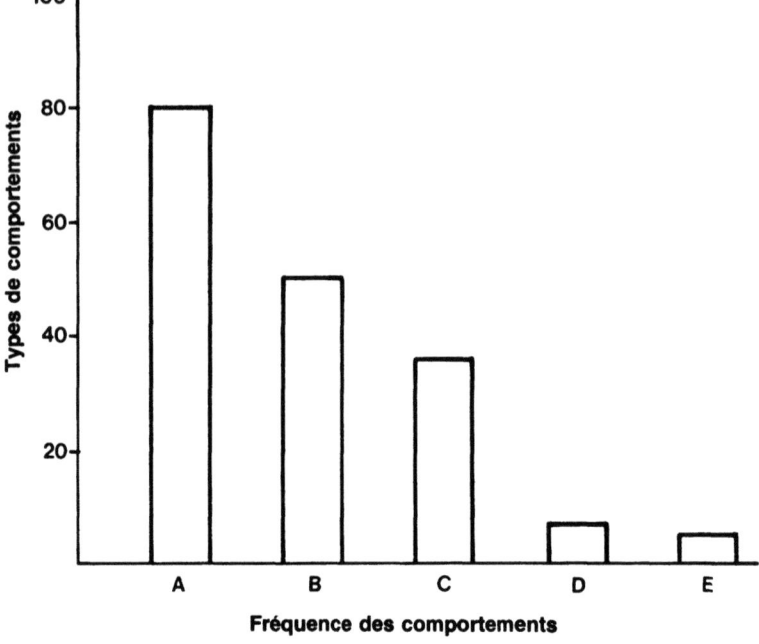

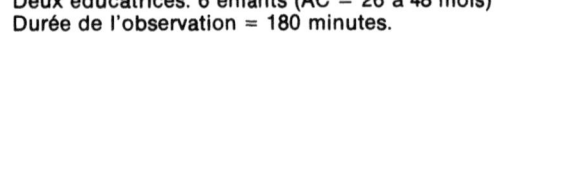

Types de comportements des éducatrices
A = les éducatrices sont présentes dans la salle.
B = les éducatrices parlent entre elles.
C = comportements de nursing (laver, nourrir, etc.).
D = contacts physiques avec les enfants.
E = contacts verbaux avec les enfants.

Figure 6. Interactions éducatrices-enfants.

ses propres leçons... La figure 6 montre l'enregistrement des comportements de deux éducatrices dans un centre de jour accueillant des jeunes enfants handicapés sévères et profonds âgés de 26 mois à 4 ans. Ces éducatrices, championnes des thèses développées par Mannoni — ou du moins de ce qu'elles en avaient retenu — ont installé sans nul doute une excellente relation entre elles. En effet, lorsqu'elles sont présentes dans la salle de séjour — ce qui n'est pas toujours le cas — elles se parlent durant plus de 90 minutes sur 180, oubliant les 6 enfants qui leur ont été confiés. Le reste de leur temps est consacré au nursing car, pourquoi avoir des contacts, fussent-ils physiques, avec ces enfants ? Laissons au contraire évoluer les choses, ne forçons pas la nature humaine. Si ces enfants n'ont pas envie d'entrer en relation, c'est bien leur droit...

Ce ne sont là que caricatures diront certains lecteurs. La relation n'est pas chiffrable, ne saurait être traduite en graphique. Peut-être ont-ils raison. Néanmoins, les sommes d'argent dépensées en salaires pour entretenir des personnes irresponsables et incompétentes sur le plan éducatif, voilà chose chiffrable pour une société. Que de ressources gaspillées par certains au nom du vécu et de l'introspection, ressources pouvant servir à la mise en place de véritables programmes éducatifs pour les handicapés mentaux.

Il serait erroné de prétendre que nous n'attachons aucune valeur à la relation dans l'éducation des handicapés mentaux. Lorsqu'elle est opérationnalisée en termes d'interactions sociales, la relation se confond, à nos yeux, avec l'éducation. Pour nous, apprendre à un adolescent handicapé mental profond à marcher, à se nourrir seul, ou encore inculper à un enfant handicapé mental léger de 6 ans les prérequis de la lecture, c'est entrer en relation avec ces sujets. La relation se développe à partir d'un acquis, d'un bagage de conduites motrices, verbales et cognitives. De nombreux handicapés mentaux n'ont pas ces bagages dans leur répertoire. Entrer en relation avec ces personnes, c'est les doter des habiletés leur permettant de dépasser leurs limites comportementales. En un mot, c'est éduquer. Mais, pour atteindre cet objectif, on ne peut se contenter d'une vague information sur les mystères du psychisme humain. Une telle entreprise exige une formation sérieuse, théorique et pratique. Et c'est là que le bât blesse actuellement dans l'enseignement spécial, quoi qu'en pensent certains responsables de l'administration ou de l'inspection, trop vite installés dans une autosatisfaction débridée, repaire de leur ignorance.

3. SPECIALISTES ET COMPAGNIE

Le statut actuel de l'enseignement spécialisé est le reflet du malaise qui s'y est installé depuis plusieurs années. Tout comme la structure dans laquelle il évolue, l'enseignant est à la recherche de son identité professionnelle. Deux grandes causes sont selon nous à l'origine de cette situation. La première n'est pas spécifique à l'enseignement spécial. Elle concerne la perte progressive de reconnaissance sociale subie par la profession d'enseignant et en particulier par celle d'instituteur au cours de ces vingt dernières années. Il est loin le temps où l'instituteur était considéré comme le personnage central dans l'éducation des enfants, jouissait d'un statut privilégié — « Monsieur le Maître » — et exerçait une influence morale sur ses contemporains, influence dépassant largement le cadre de sa classe. Peu à peu, cette profession s'est dévalorisée. A une époque où le profit immédiat est le moteur premier de l'activité, nos sociétés ont tendance à considérer, à tort, certaines professions comme directement peu rentables. Changement d'époque, déplacement des valeurs. Certes, l'importance des six premières années passées à l'école n'est plus capitale. Toute insertion socio-professionnelle adéquate requiert de nos jours bien plus qu'un diplôme d'école primaire. L'entrée à l'Ecole Normale n'est plus guère envisagée par les candidats instituteurs comme une fin en soi, mais représente le plus souvent soit une solution d'attente — « Ayons toujours un diplôme en poche, après nous verrons » —, soit un pis-aller — « Si on échoue à l'université, il restera toujours l'Ecole Normale ». Cette situation se concrétise, entre autres choses, au niveau matériel: les salaires modestes attribués aux enseignants de certains pays ne contribuent pas à susciter un enthousiasme débordant pour la profession. La modification des attitudes sociales envers cette fonction a laissé des traces plus profondes encore dans l'enseignement spécial. Trop souvent, cet enseignement est considéré comme le parent pauvre du sytème traditionnel, comme une éducation au rabais. Un raisonnement fallacieux tend à établir une liaison causale entre les élèves fréquentant cet enseignement— « les anormaux » — et le statut des personnes qui ont la responsabilité de leur éducation. Les enseignants du spécial constituent ainsi trop souvent une espèce de sous-prolétariat. Que de fois n'avons-nous pas été le témoin de réflexions et de jugements inacceptables portés par les enseignants du traditionnel sur leurs collègues du spécial («Tiens, tu n'as pas encore trouvé de place, tu es toujours dans le spécial», «Tu enseignes encore chez les fous?»). Cette condition précaire est renforcée dans certains pays par le fait que les enseignants ne bénéficient d'aucune formation spécialisée.

La seconde raison permettant d'expliquer en partie les problèmes vécus par les enseignants spécialisés est inhérente à leur position au sein du processus éducatif. Il n'est pas exagéré de prétendre que leur action s'est considérablement diluée sous les coups de boutoir insidieux portés par un ensemble de personnes, se déclarant des spécialistes, s'immisçant peu à peu dans l'éducation elle-même et reléguant ainsi au second plan l'enseignant, sa personnalité et sa pratique. Le phénomène des «spécialistes» est suffisamment important pour qu'il retienne notre attention.

«Psy-» «-Peutes» et «-Istes», telles sont les marques distinctives dont s'affublent ceux qui vont soulager les handicapés mentaux de tous leurs maux. Car, si vous ne le saviez pas, tous les handicapés mentaux sont des êtres profondément malades dont l'état exige la mise en place d'un arsenal thérapeutique considérable. Psychomotriciens, ergothérapeutes, logopédistes, psychologues, psychiatres, ludothérapeutes et autres musicothérapeutes sont les véritables artisans de l'éducation. L'enseignant quant à lui est réduit au rôle de spectateur, ou, plutôt, de garde d'enfants, sa classe n'étant plus que le lieu où les élèves attendent patiemment leur tour pour entrer en thérapie individuelle.

Que font ces spécialistes? Que l'enseignant, cet être inculte, ne s'avise surtout pas à poser cette question. Il sera rabroué. On lui laissera entendre que la fonction de spécialiste garantit non seulement une immunité professionnelle échappant à tout contrôle, mais confère aussi la faculté de guérir, art combien mystérieux, réservé à certains initiés, à une caste privilégiée dont lui, l'enseignant, est exclu. Nous avons longuement stigmatisé le mythe de la thérapie et des « spécialistes » en handicap mental dans un précédent ouvrage (Lambert et Rondal, 1980). Au niveau de l'enseignement spécial, ce mythe se concrétise comme suit :

- l'adoption d'un langage ésotérique, le plus souvent destiné à brouiller les pistes, à masquer l'inconsistance de certains concepts et à éviter la mise en place d'une éducation appropriée. Pourquoi une logopédiste se croit-elle obligée de dire d'un élève qu'il présente des difficultés dans la prononciation des « consonnes sonores apico-dentales », alors que sa fonction devrait consister à indiquer à l'enseignant comment il peut exercer l'articulation de ses élèves au cours d'une pratique quotidienne ? Que peut faire pratiquement un enseignant qui apprend, lors d'une réunion dite de « synthèse », que tel élève présente « un œdipe mal résolu avec des tendances régressives sadiques anales » ? De même, comment un enseignant peut-il envisager des exercices de motricité chez un enfant qui exhibe, le pauvre, « un genu valgum prononcé avec affaissement des voûtes plantaires » ?

- l'installation de thérapies individuelles dans des locaux séparés de la classe où, dans le plus grand secret, on exorcise les démons responsables du handicap mental ;

- dans les meilleurs des cas, l'installation d'une attitude directive, les spécialistes indiquant à l'enseignant comment éduquer, sans guère tenir compte de son avis. Le plus souvent, c'est cependant l'inaction qui règne : les avis des spécialistes se perdent dans des rapports que personne ne lit ou au cours de « réunions de synthèse » verbeuses et inefficaces ;

- la création d'une illusion, savamment entretenue par les spécialistes, à savoir la notion de travail d'équipe. Comment pourrait-il y avoir formation d'une équipe éducative réunissant enseignants et spécialistes, alors que ces mêmes enseignants se voient refuser le droit de jouer leur rôle premier, celui de coordonnateur et de responsable ?

- le déferlement de théories et de méthodes dans la classe spéciale, inaugurées à grand renfort de séminaires de formation et délaissées le lendemain au profit d'autres plus sophistiquées. Soulignons que la responsabilité d'une partie des instances de l'administration et de l'inspection est directement engagée dans l'anarchie régnant au sein des méthodes utilisées dans l'enseignement spécial. Il suffit qu'un « responsable » lise un ouvrage traitant d'une méthode de rééducation intéressant certains handicapés mentaux ou rêve de laisser son nom à la postérité en noircissant quelques pages de considérations philosophico-éducatives pour que toutes les classes spéciales tombant sous sa juridiction soient tenues d'épouser ses vues. Cette situation n'est toutefois pas généralisée, heureusement. Nous avons eu l'occasion de côtoyer des inspecteurs qui, véritables pédagogues, gardent la tête froide devant ces tentatives et luttent réellement pour maintenir l'enseignant dans un rôle central au sein de sa classe.

Face à cette situation, que peuvent faire les enseignants des classes spéciales ? Trois types de réactions sont possibles et bien que nous ne disposions pas de données chiffrées, nous estimons que ces tendances se répartissent de manière égale dans le corps enseignant. La première réaction consiste à désinvestir la fonction et à se présenter tous les jours devant une classe comme un parfait rond-de-cuir. Les élèves ne sont pas maltraités, certes, mais le rôle de l'enseignant se borne à fournir une instruction minimale, à maintenir un certain niveau de discipline et à encaisser un salaire mensuel, tout en aspirant aux nombreux jours de congé que procure l'enseignement. Quoi de plus affligeant que d'entrer dans une classe où l'instituteur lit le journal et où les élèves sont soit inactifs, soit mis en face de fiches de travail qui n'ont pas été renouvelées depuis dix ans. Lorsque le temps le permet, le prétexte à « la leçon de choses dans la nature » pousse l'enseignant à quitter sa classe et, le soleil aidant, lui donne l'occasion de parfaire son bronzage. Que de récréations durant une dizaine de minutes en hiver se voient tout à coup prolongées d'une heure ou plus lorsque revient le printemps...

Un second groupe d'enseignants réagit par la recherche d'une spécialisation dans un domaine éducatif particulier (psychomotricité, rythme, méthode de lecture, méthode psychogestuelle, travaux manuels, etc.) ou dans une thérapie spécifique (thérapie de groupe, analyse systémique ou transactionnelle, etc.). Leur classe devient le champ de leur expérimentation et l'ensemble des activités tourne autour des thèmes dictés par la spécialisation. Cette réaction serait salutaire si, trop souvent, elle n'entraînait un rétrécissement des perspectives éducatives. La théorie devient vite une religion avec, pour liturgie, un arsenal de méthodes spécifiques. Nous ne sommes nullement opposé à une spécialisation théorique et pratique dans des méthodes créées pour l'éducation des enfants handicapés. Il est certain que des noms comme Ramain, Le Boulch, Pick et Vayer, Affolter, Frostig et Areram doivent faire partie intégrante de la formation de tout enseignant spécialisé. Nous nous élevons cependant contre une pratique courante consistant à prêter à une de ces méthodes des vertus curatives généralisables à tous les enfants et à tous les types de handicaps. Une formation sectorisée amenuise les capacités de critique et de prise de distance par rapport aux effets de la méthode. Il n'existe pas une méthode permettant mieux qu'une autre d'éduquer les handicapés mentaux. L'éclectisme et la recherche personnelle ne doivent jamais céder le pas à l'utilisation sans discernement d'une théorie et d'une méthodologie uniques.

Enfin, un dernier groupe d'enseignants, conscients comme les seconds de leurs responsabilités, œuvrent à l'amélioration de l'enseignement spécial en dépit de l'absence de considération témoignée à leur égard par les spécialistes, leurs collègues du traditionnel et, il faut l'admettre, certaines familles d'élèves. La société de son côté ne leur facilite pas la tâche. En effet, pour elle ces personnes sont des missionnaires, les derniers survivants d'une race en voie de disparition, car pour s'occuper des handicapés mentaux, « il faut la vocation ». Cette attitude, dictée par la pitié, a pour conséquence une mise à l'écart des enseignants et de leurs problèmes. « Puisque des personnes s'occupent des handicapés, nous n'avons plus rien à faire »... Ces enseignants dans leurs classes fixent des objectifs éducatifs pour chacun de leurs élèves, élaborent des méthodes, perfectionnent leur didactique, contrôlent les progrès, prennent des contacts avec les familles des élèves, s'informent, lisent et intègrent leurs nouvelles connaissances dans la pratique quotidienne. Leurs efforts sont d'autant plus remarquables lorsque l'on considère le peu de temps dont ils disposent pour mener à bien leur tâche. La figure 7 montre, à partir de données recueillies dans une classe spéciale de 8 enfants handicapés modérés et sévères âgés de 7 à 14 ans, que l'instituteur a eu devant lui une classe complète moins de 50 minutes par jour au cours d'une semaine. Le reste du temps, sa classe est constamment perturbée par les entrées et les sorties d'élèves

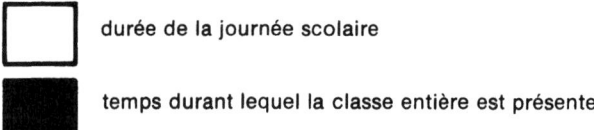

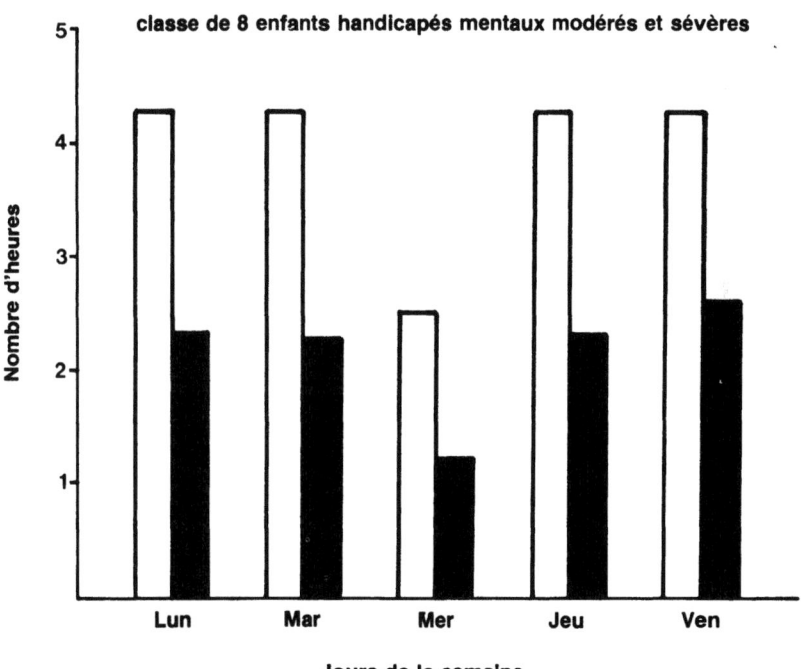

Figure 7. Répartition du temps scolaire.

allant l'un en kinésithérapie, l'autre en logopédie, le troisième à la leçon de religion ou de morale. Outre le fait que l'enseignant n'a pas ou peu de feedbacks sur le contenu des thérapies individuelles, il est certain qu'un pareil système perturbe profondément l'organisation de la classe, la continuité dans l'enseignement et, en dernière analyse, est préjudiciable aux enfants.

Nous soutenons la thèse que, moyennant une formation adéquate, l'enseignant est le premier spécialiste de l'enseignement spécial et qu'à ce tire il lui appartient de coordonner et de contrôler les activités des autres professionnels gravitant autour de sa classe. La situation actuelle plaçant l'enseignant dans un rôle secondaire doit être reléguée aux oubliettes et remplacée par un processus dans lequel l'enseignant spécialisé est la figure centrale de l'enseignement et possède les moyens théoriques et pratiques de mener à bien sa tâche. C'est à l'illustration de cette thèse que sont consacrés les chapitres suivants.

Chapitre 4
Quels objectifs?

1. GENERALITES

Eduquer implique toujours un objectif. Bien que cette vérité première ait nécessairement guidé l'action des pédagogues depuis la nuit des temps, il a fallu attendre la seconde moitié du vingtième siècle pour voir apparaître dans le domaine de l'éducation une réflexion systématique sur les objectifs et plus particulièrement la dernière décennie pour assister à la floraison des écrits sur ce sujet (par exemple, Mager, 1972; De Landsheere et De Lansheere, 1975; Hameline, 1979). Le succès rencontré par ce que l'on a appelé «la pédagogie des objectifs» n'est pas le résultat d'une mode — même si certains prétendent que l'ère des objectifs est révolue et qu'il convient de parler actuellement en termes de «projet éducatif» —, mais correspond à un besoin profondément ancré chez les enseignants eux-mêmes, à savoir la nécessité de substituer à la simple intuition et au bon sens une systématisation et une évaluation de l'action éducative. Un consensus général entre les auteurs permet de distinguer trois niveaux dans la définition des objectifs.

Niveau 1. Les objectifs généraux: les fins ou buts de l'éducation

Il s'agit des formulations les plus générales constituant les assises mêmes de l'éducation. Les fins procèdent d'une réalité culturelle et agissent en retour sur cette réalité en la conservant ou en la modifiant. Il serait illusoire de rechercher des buts généraux régissant l'éducation pour l'ensemble d'une société. Dans toute société, il y a plusieurs types d'éducation correspondant aux finalités des différentes classes sociales. La source première des objectifs réside dans les jugements de valeur sur l'homme et son devenir. Comme l'indiquent De Landsheere et De Landsheere (1975, p. 31), le fait que, par définition, les objectifs généraux soient relativement vagues, donc peu propices à la construction directe de séquences d'enseignement, ne signifie pas qu'il faille les rejeter au profit d'objectifs opérationnels. « Ils ont tous les deux un rôle à jouer : les premiers commandent les seconds et non l'inverse. Et il importe de ne pas les confondre. » Ces auteurs proposent dans leur ouvrage un modèle général de la définition des objectifs de l'éducation, abordent le problème des responsabilités dans le choix des buts et analysent des propositions concrètes concernant le mode de sélection des objectifs.

Niveau 2. Les objectifs intermédiaires

Afin d'établir les liaisons indispensables entre les fins ou buts de l'éducation et l'action quotidienne, les théoriciens et les chercheurs ont défini des méthodes d'analyse et de classification des grandes catégories comportementales. Ce second niveau contient principalement les taxonomies, ou procédés de classification, dont celle de Bloom (1969) est assurément la plus connue. La taxonomie est d'abord un instrument destiné à analyser des objectifs existants, « une invitation à préciser quels comportements seront recherchés, installés, encouragés, renforcés, de préférence à d'autres » (De Landsheere et De Landsheere, 1975, p. 66). Le second rôle de la taxonomie est d'aider à formuler des objectifs. La taxonomie de Bloom s'articule en trois volets : le domaine cognitif, le domaine affectif et le domaine psychomoteur. Cette distinction artificielle est opérée à des fins didactiques, le comportement humain exigeant évidemment l'intégration des trois domaines. Notre propos n'est pas de présenter les taxonomies existantes. Pour leur analyse détaillée, le lecteur se référera au livre déjà cité de De Landsheere et De Landsheere (1975). Nous nous contenterons de signaler que les taxonomies s'ordonnent généralement selon un principe structurel, celui de la complexité croissante.

Niveau 3. Les objectifs opérationnels

Ce niveau est celui de la pratique quotidienne. Il consiste en la fragmentation du projet pédagogique en matières et comportements concrets. Les objectifs sont traduits en comportements observables se prêtant à l'évaluation. Nous sommes ici au niveau d'une technologie de l'éducation. La formulation complète d'un objectif opérationnel comprend cinq indications précises (De Landsheere et De Landsheere, 1975):
1. Qui produit le comportement souhaité?
2. Quel comportement démontrera-t-il que l'objectif est atteint?
3. Quelle sera la performance ou produit de ce comportement?
4. Dans quelles conditions le comportement doit-il avoir lieu?
5. Quels sont les critères servant à déterminer si la performance est satisfaisante?

Le fait de proposer à l'enseignant des objectifs qui se traduiront chez l'élève par des comportements observables bien spécifiés a été louangé par certains, sévèrement critiqué par d'autres, les premiers y trouvant un moyen d'accroître la rigueur et l'efficacité de l'éducation, les seconds soulignant le danger d'une mécanisation outrancière de l'action pédagogique. Le débat reste entier, particulièrement dans le domaine de l'enseignement.

2. QUELLES REFERENCES POUR QUELS OBJECTIFS?

Le problème central de l'enseignement spécialisé réside dans la définition des objectifs éducatifs. Si l'on se réfère à la distinction entre les trois niveaux d'objectifs précédemment décrits, on s'aperçoit que les embûches sont nombreuses. Cunningham (1974) a été le premier à attirer l'attention sur les difficultés à articuler le contenu de l'enseignement spécialisé à un ensemble d'objectifs précis. Il envisage deux questions cruciales pour l'enseignement: Que faut-il apprendre aux enfants handicapés mentaux? Que peuvent-ils apprendre? A première vue, il peut paraître insensé de considérer ce qui devrait être appris avant d'envisager ce qui peut être inculqué. Mais on est en droit de se demander quelle est la question devant venir en premier lieu. Cunningham (1974, p. 49) écrit: « En nous demandant ce qui devrait être appris, nous posons le problème des fins de l'éducation. La notion de fin est essentiellement liée à celle de long terme. Elle ne doit pas être confondue avec la spécialisation d'un objectif à court terme, un comportement que nous apprenons à un individu retardé ». Nous retrouvons ici la subordination nécessaire des objectifs opérationnels aux fins de l'éducation.

A. Quelles sont les fins de l'enseignement spécialisé?

Schématiquement, on peut diviser l'enseignement spécial pour handicapés mentaux selon deux catégories correspondant aux types de handicaps envisagés. D'une part, il existe un réseau de classes spéciales pour les élèves handicapés mentaux légers. Nous avons souligné les ambiguïtés scientifiques et éthiques attachées à la notion de handicap mental léger. Ces élèves ont été déclarés incapables de suivre un enseignement régulier, à partir d'une foule de considérations intellectuelles, sociales et comportementales. Actuellement, un courant préconise l'intégration progressive de ces élèves dans le réseau traditionnel. Si un certain nombre d'entre eux sont capables, moyennant de nombreux aménagements, de profiter d'un enseignement régulier, d'autres éprouveront des difficultés pour se mettre au niveau des élèves non handicapés et n'atteindront qu'imparfaitement les critères de réussite imposés par le système traditionnel. La seconde catégorie de classes spéciales accueille des enfants handicapés mentaux modérés et sévères pour lesquels, par définition, un système éducatif traditionnel n'est guère envisageable. C'est pour ces enfants que se pose avec le plus d'acuité le problème des fins de l'éducation.

S'il existe un accord gobal sur le fait que l'école n'est qu'un « passage » dans le processus éducatif commençant à la nais-

sance et se poursuivant durant l'âge adulte, nos connaissances sur les handicapés mentaux sont trop limitées pour fournir des indications sur le contenu d'une éducation permanente (Lambert, 1978). La définition des objectifs généraux de l'enseignement spécialisé procède d'une double préoccupation :
- les capacités d'apprentissage des élèves handicapés mentaux,
- leur devenir dans la société après la scolarité

Etant donné que nous manquons de données définitives sur chacun de ces aspects, nous sommes dans l'incapacité de fixer les fins de l'éducation. Mc Master (1973) a clairement déclaré que toute tentative de détermination des finalités est vaine si elle n'est sous-tendue par une véritable théorie du handicap mental. Nous épousons cette vue. Une théorie éducative fait actuellement défaut. Dans le chapitre 6, nous envisageons comment des bases conceptuelles peuvent être construites. Force est de constater que nous sommes en présence d'une situation paradoxale. En effet, dans l'enseignement spécial, il existe des contenus éducatifs indépendamment d'objectifs généraux desquels ils devraient normalement découler.

De nombreuses finalités ont certes été attribuées à l'enseignement spécialisé. Ces fins sont souvent décrites au moyen des termes suivants : « développer l'autonomie personnelle basée sur la raison, rendre les handicapés mentaux autonomes, permettre aux élèves de réintégrer l'enseignement régulier, épanouir les capacités des sujets, etc. ». Ces buts contiennent en eux-mêmes une double contrainte qu'il importe d'analyser. Premièrement, il s'agit de prises de position éthique, de véritables jugements de valeur qui omettent de prendre en considération la réalité sociale dans laquelle vivent et évolueront les personnes handicapées mentales. « Rendre autonome un enfant handicapé mental », cela signifie-t-il lui inculquer les rudiments académiques indispensables pour lui permettre à l'adolescence de se tirer d'affaire dans un centre de jour, ou bien de lui fournir un bagage d'aptitudes le rendant apte à entrer dans un atelier protégé ? Toute personne familiarisée au devenir des handicapés mentaux admettra qu'il s'agit là de deux perspectives différentes, voire diamétralement opposées. De même, le but « permettre à l'élève handicapé mental de réintégrer l'enseignement traditionnel » envisage-t-il le fait que cet enseignement n'est peut-être pas prêt à accepter l'élève handicapé ? Ou encore, fixer comme objectif « le développement de l'autonomie personnelle basée sur la raison » n'aboutira-t-il pas à la prise de conscience chez le handicapé mental qu'il est différent du non-handicapé et en définitive rejeté par ses pairs ? Nous ne discutons pas de la valeur intrinsèque des finalités issues de prises de position éthique. Nous suggérons simplement que l'éducation spécialisée ne peut être basée sur les seuls jugements de valeur, ceux-ci ne tenant pas compte de l'évolution des handicapés mentaux, ni des réalités sociales dans lesquelles ils doivent s'insérer. La seconde contrainte inhérente aux définitions habituelles des finalités de l'enseignement spécialisé concerne la référence au « normal ». Tendre à la « normalité », voilà un objectif qui peut paraître adéquat, surtout si l'on considère que le handicapé mental — du moins dans ses catégories modérée, sévère et profonde — ressort au domaine de la pathologie. En réalité, le problème est plus complexe et mérite une analyse détaillée.

B. La référence au « normal »

Précisons dès l'abord que ces considérations s'adressent en premier lieu à l'enseignement pour handicapés mentaux modérés et sévères. Au risque d'entretenir la polémique, nous envisageons la plupart des handicapés mentaux légers comme les « victimes » de l'inadéquation de l'enseignement traditionnel et sommes persuadé que les prochaines années verront la réintégration de ces élèves dans le système régulier, moyennant les précautions exposées au chapitre 2.

La question centrale est la suivante : « Les objectifs généraux de l'éducation établis pour les normaux peuvent-ils s'appliquer aux handicapés mentaux ? » Deux positions sont en présence. La première suggère que les données dérivées du développement normal peuvent directement servir de base pour fixer les finalités de l'enseignement spécialisé. La seconde position propose qu'une théorie éducative adéquate doit d'abord se pourvoir d'un contenu avant d'intégrer les données issues de l'étude du normal. La première position est normative. Nous qualifierons la seconde d'empiriste. Trois articles fondamentaux ont abordé ce problème (Hogg, 1975; Switzky et al., 1979; Chatelanat et Brinker, 1981). Nous recommandons vivement leur lecture car ils élargissent le débat à l'ensemble du handicap mental et contiennent des indications importantes dépassant le cadre du sujet qui nous préoccupe, à savoir l'enseignement spécialisé.

1. La position normative

Dérivée d'un courant de la psychologie développementale, cette démarche fournit des normes comportementales permettant de rendre compte des acquisitions progressives réalisées par un sujet de la naissance à l'âge adulte. Les performances d'un individu sont comparées à une norme dérivée des performances d'un grand nombre d'individus. Dans le domaine du handicap mental, la position normative a contribué à la construction de programmes d'apprentissage dont les étapes sont dérivées des tests de développement utilisés chez les enfants normaux. Généralement, ces programmes couvrent les domaines suivants: la motricité, les conduites d'autonomie et de communication, les comportements académiques et la socialisation (par exemple, Bender et Valletutti, 1976; Cohen et Gross, 1979; Johnson et Werner, 1980). Face à des handicapés mentaux modérés et sévères, la position visant à établir les données normatives comme objectifs éducatifs se heurte à deux grandes critiques, se rapportant l'une à la nature même du handicap mental, l'autre à l'adéquation des normes dans une perspective éducative à long terme.

La nature du handicap mental

Si par définition les sujets handicapés mentaux présentent des retards dans de nombreuses sphères comportementales, il convient de s'interroger sur la nature de ces retards. Le développement des handicapés mentaux est-il simplement décalé par rapport à celui des sujets normaux ou bien en diffère-t-il fondamentalement? C'est la problématique générale connue sous la dénomination *délai-différence*. Formulée autrement, la question est de savoir si l'individu handicapé mental se développe de la même manière que le sujet normal, mais selon un rythme ralenti, — c'est l'hypothèse *délai* —, ou si son développement est différent de celui du normal dans son processus même — c'est l'hypothèse *différence*. Dans le premier cas, nous serions en présence de différences quantitavies entre le développement des handicapés mentaux et des normaux. Dans le second cas, ces différences seraient également qualitatives. La question délai-différence est importante sur le plan théorique (Lambert, 1978), bien que les données disponibles ne permettent pas d'y répondre définitivement. A côté de sa valeur heuristique, la thématique a des implications pratiques évidentes. Supposons qu'on puisse démontrer que l'enfant handicapé mental se développe de la même façon que l'enfant normal. Dès lors, les données disponibles sur le développement normal seraient pertinentes et fourniraient des références adéquates. Se trouveraient alors justifiées les pratiques éducatives s'efforçant de faire passer le sujet handicapé mental par tous les stades et sous-stades du développement normal. Supposons, au contraire, que l'on démontre que le développement de l'enfant handicapé mental procède d'une façon différente de celle observée chez le sujet normal. Les références au normal perdraient alors de leur signification et il conviendrait d'identifier les différences préalablement à la mise en place de toute intervention.

En réalité, la problématique délai-différence est plus simple à formuler qu'à résoudre. Elle comporte diverses difficultés conceptuelles et méthodologiques soulignées par Rondal et Lambert (1981). Nous n'insisterons ici que sur certains aspects fondamentaux pour l'enseignement spécial.

En premier lieu, la notion de retard mental n'est pas univoque. Elle recouvre une variété de déficits définis selon des critères médicaux et comportementaux. Nous avons déjà souligné les difficultés inhérentes à la classification des handicapés mentaux et notamment pour les sujets dont les capacités intellectuelles se situent à la limite du retard et de la normalité telle qu'elle est définie par les tests psychométriques. Lorsqu'on parle de handicap mental sans autre précision, on fait implicitement l'hypothèse que les avis émis ou les données disponibles s'appliquent de la même manière aux différents niveaux du handicap. Rien n'est moins certain. Il importe de poser la problématique développement retardé - développement différent pour les divers catégories et niveaux du handicap mental.

En second lieu, la question délai-différence ne peut être formulée à propos du développement dans son ensemble, mais en envisageant séparément chacun des domaines comportementaux et à l'intérieur de ces domaines, chacun des aspects du répertoire. Cette exigence est clairement démontrée dans le domaine du langage (Rondal et Lambert, 1981). De même, au niveau de la motricité, l'étude du développement retardé exige que soient différenciées la motricité générale de la motricité fine (par exemple, la préhension au moyen de la pince pouce-index) et, ensuite, les divers aspects comparant les deux types de motricité.

Enfin, un problème méthodologique central dans l'étude de la question délai-différence concerne le choix des procédures d'appariement — ou de comparaison — entre les sujets handicapés mentaux et normaux. Traditionnellement, les comparaisons entre les deux populations se réalisent sur la base de l'âge chronologique ou de l'âge mental. Dans le premier cas, l'appariement pour l'âge chronologique entraîne la mise en évidence de différences importantes entre les deux groupes de sujets. Imaginons l'écart développemental existant entre un élève handicapé sévère âgé de huit ans et un élève normal de même âge. Ce décalage empêche, à partir d'un certain point, toute comparaison valable entre les deux enfants. La seconde méthode d'appariement, l'âge mental, garantit théoriquement que les sujets comparés soient à un niveau de développement mental équivalent. Cette procédure est de plus en plus critiquée dans le domaine du handicap mental car elle comporte des présupposés difficilement contrôlables. Rondal et Lambert (1981) ont analysé en détail les obstacles auxquels se heurte l'interprétation des travaux ayant utilisé cette base d'appariement. En résumé, deux âges mentaux identiques obtenus chez deux sujets ne garantissent en rien l'existence d'une équivalence intellectuelle entre ces sujets. L'âge mental donne des indications sur certains produits de l'activité intellectuelle et non sur les processus eux-mêmes. D'autres systèmes de comparaison ont été proposés dans la littérature, mais rarement appliqués dans la pratique. Dans l'enseignement, toute recherche destinée à comparer les niveaux d'efficience d'enfants handicapés mentaux et normaux devrait utiliser comme base d'appariement les performances des sujets aux épreuves qui font l'objet de l'étude. Par exemple, si on souhaite analyser la hiérarchisation des prérequis à la lecture chez les handicapés mentaux et voir dans quelle mesure elle se rapproche ou se différencie de la hiérarchisation observée chez les normaux, la comparaison entre les deux groupes de sujets peut être basée sur leurs performances respectives à des épreuves spécifiques mettant en jeu les prérequis envisagés.

C'est incontestablement le domaine du langage qui fournit actuellement les données les plus importantes relatives à la problématique délai-différence (Rondal et Lambert, 1981). Chacun des aspects linguistiques a été envisagé plus ou moins complètement. Par exemple, les données disponibles semblent clairement indiquer que les sujets handicapés mentaux acquièrent les sons et les phonèmes de la langue d'une manière et dans un ordre correspondant à ceux observés chez les sujets normaux. De même, au niveau de la motricité, il y a tout lieu de croire que la succession des étapes de développement des postures chez les handicapés mentaux correspond au pattern général du développement normal (Lambert, 1979). D'autres domaines du comportement retardé restent encore inexplorés. C'est notamment le cas du développement social et affectif. Certains aspects du répertoire des sujets handicapés modérés et sévères ne procèdent pas du schéma normal. Des différences spécifiques ont été mises en évidence, par exemple, dans le développement des capacités d'attention aux stimuli (Zeaman et House, 1963), au niveau des processus de mémoire à court terme (Ellis, 1970) ou de la reconnaissance de supports graphiques pour les mimiques faciales (Lambert et Defays, 1978).

La démarche consistant à établir les données normatives comme objectifs éducatifs néglige généralement de prendre en considération la problématique délai-différence dans le domaine du handicap mental. Il s'agit là d'une limitation importante pour son efficacité dans la mesure où les données disponibles ne permettent pas d'affirmer que l'ensemble du développement des sujets handicapés mentaux procède d'une façon identique à celle observée chez les sujets normaux.

L'adéquation des normes

Nous quittons ici le terrain scientifique pour aborder de nouveau celui des jugements de valeur. La référence aux normes peut se révéler inadéquate pour deux raisons. En premier lieu, certains comportements enregistrés chez le normal perdent incontestablement leur validité de référence selon l'âge chronologique lorsqu'ils servent de guides aux objectifs éducatifs chez les handicapés mentaux. C'est par exemple le cas de classes de comportement comme l'identité sexuelle et les conduites d'agression. L'acquisition de ces réponses peut se justifier chez le sujet normal dans la mesure où elles favorisent l'adaptation sociale. Il s'agit en fait de finalités façonnées par la culture. Chez les handicapés mentaux, les interactions avec la culture sont, par définition, différentes en termes d'acquisition, de réaction et de niveau d'aspiration. Il n'existe aucune garantie permettant d'affirmer que l'apprentissage des conduites sexuelles ou agressives est également adaptatif chez les personnes handicapées mentales. Nous pourrions multiplier les exemples. D'une manière générale, tout l'aspect socio-affectif du développement des handicapés mentaux reste un terrain inconnu, délaissé par les programmes scolaires. En dernière analyse, le choix des finalités devrait se baser sur les exigences actuelles imposées par la société à l'égard des personnes handicapées mentales adultes, et non être déterminé en fonction de normes établies pour la majorité des individus formant cette société. Le second problème inhérent à l'adoption de références normatives pour le développement des sujets handicapés mentaux a trait à l'instabilité même de ces normes. Comment prévoir ce que la société exigera d'un handicapé mental sévère dans une dizaine d'années? Supposons que cet enfant est âgé actuellement de 6 ans. Tout ce que nous pouvons fixer comme objectif concerne uniquement les conduites d'autonomie. Tout le monde s'accordera sur ce point. Or, étant donné la rapidité des mutations culturelles, nous sommes dans l'incapacité de répondre à une question, pourtant fondamentale : « Que signifiera, dans dix ans, pour cet enfant, le fait d'être autonome ? ». En d'autres termes, comment la société va-t-elle réagir à l'autonomie de ce sujet ? L'autonomie, chez le sujet normal, recouvre des réponses telles que prendre une décision, choisir ses loisirs, opter pour des opinions politiques déterminées. En sera-t-il de même pour le sujet handicapé mental ? De plus, être autonome signifie également émettre des conduites destinées à compenser les déficits. Apprenons-nous ces conduites aux handicapés mentaux ? L'objectif « être autonome » englobe en fait une variété de comportements dont nous ne pouvons prévoir l'impact sur l'adaptation sociale future.

Dans l'état actuel des connaissances, la position normative soulève un ensemble de problèmes dans la détermination des finalités de l'enseignement spécial. Poussée à l'extrême, cette position peut entraîner des débats inutiles, voire ridicules. Témoin la discussion qui a opposé récemment Burton et Hirshoren (1979) à Sontag et al. (1979), les premiers déclarant qu'il ne faut pas apprendre à lire ni à écrire aux handicapés mentaux sévères et profonds, les seconds soutenant une thèse inverse, la polémique étant bien entendu entretenue par le fait qu'aucune des parties ne disposait de données empiriques pour appuyer ses vues.

Comme nous l'avons souligné, le modèle normatif procède d'une option en psychologie développementale mettant l'accent sur la succession des comportements à acquérir pour atteindre une conduite plus complexe. Une autre démarche consiste à envisager le développement sous son aspect structural. Fortement inspiré des thèses piagétiennes, un courant récent s'est développé dans le domaine du handicap mental en privilégiant l'étude des processus sous-tendant le développement (Lambert, 1978). Les bases de la hiérarchisation développementale sont les structures du comportement. Chatelanat et Brinker (1981), les premiers à mettre l'accent sur cette alternative pour la définition des objectifs et du contenu, insistent cependant sur le fait que le modèle théorique piagétien ne fournit pas actuellement à l'enseignement spécialisé une base précise pour l'éducation, en ce sens qu'il ne met pas à la disposition de l'enseignant un contenu décrivant étape par étape les comportements à acquérir pour atteindre des niveaux d'efficacité supérieurs. Cette perspective bien qu'encore peu utilisée, possède cependant un avantage considérable par rapport à l'approche normative en ce sens qu'elle *intègre* les différents domaines comportementaux — artificiellement définis en conduites motrices, d'autonomie, de communication et de socialisation — dans une optique de modification qualitative et non plus uniquement quantitative.

II. La position empiriste

Devant l'incapacité actuelle de formuler les finalités de l'éducation spécialisée, l'inadéquation globale des modèles normatifs et le manque de données issues des modèles structuraux, force est de constater que les informations susceptibles de fournir une base aux objectifs éducatifs sont très restreintes. Deux solutions s'offrent alors aux praticiens. La première consiste à prôner une position empiriste radicale, laquelle ne considère comme valides que les données recueillies sur le terrain. Ce sont les interactions entre l'enseignant et l'élève qui vont fournir la base des faits: ce que l'élève connaît, ce que le maître enseigne et ce que l'élève retient. De la multiplication de ces observations effectuées chez différents types d'élèves handicapés mentaux se dégageront des constantes d'apprentissage. L'analyse des données permettra de caractériser les modes d'enseignement et de réaction des élèves, et fournira les bases pour la définition des objectifs. Dans l'absolu, cette démarche est la seule susceptible de fournir des indications précises sur la manière dont apprennent les handicapés mentaux et, en conséquence, de permettre la définition des finalités de l'éducation. Elle se heurte cependant aux obstacles sérieux. Le premier est d'ordre temporel. Pareille entreprise exige un temps et une somme d'efforts considérables dont l'aboutissement ne sera bénéfique qu'aux générations futures. Le second obstacle est inhérent à la nature même de la démarche. Nous sommes persuadés que de nombreux enseignants utilisent presque exclusivement le modèle empirique dans leur classe. Ils ont mis à l'écart toute théorie, tout a priori sur l'éducation de leurs élèves handicapés mentaux. Leur tâche consiste à apprendre à connaître les élèves, étudier leurs réactions face aux méthodes proposées, multiplier les interventions et restructurer continuellement le contenu en fonction des progrès et des échecs. Indépendamment de la valeur d'une telle démarche, on ne peut s'empêcher de s'interroger sur les résultats obtenus. En effet, excepté ces enseignants eux-mêmes, chacun dans sa classe, personne ne sait ce qu'apprennent les élèves handicapés mentaux, personne n'est au courant de ce qui se passe réellement dans les classes spéciales. L'absence de systématisation des données représente une des carences les plus graves dont souffre l'enseignement spécialisé. Une position empirique radicale apparaît peu soutenable.

En revanche, une démarche empirique peut s'insérer dans une perspective plus large faisant appel aux données de la psychologie développementale, normative et structurale, tout en privilégiant la connaissance des handicapés mentaux et de leurs modes de réactions. Deux étapes caractérisent ce processus, en référence à la classification des objectifs présentée au début de ce chapitre. La première étape consiste à fixer des objectifs opérationnels, décrits en termes de comportements observables, à partir de l'observation des élèves et des données de la psychologie développementale. Ces objectifs ne peuvent être considérés comme des données normatives, hiérarchisées de manière définitive, mais plutôt comme des progressions hypothétiques dont la validité doit être évaluée sur le terrain. L'apport des thèses structurales est ici indispensable. A chaque étape de la hiérarchisation comportementale, les données relatives aux modes de réaction des élèves handicapés mentaux proviennent de deux sources :
- les connaissances dont on dispose sur leurs capacités d'acquisition du comportement envisagé,
- l'observation des interactions entre les élèves et l'environnement, envisagé ici sous l'aspect du contexte scolaire global. De ces observations découlent des hypothèses relatives aux modes d'organisation comportementale des élèves et à

leurs processus d'apprentissage (Chatelanat et Schoggen, 1980). Ces hypothèses sont à leur tour soumises à l'épreuve de la réalité en sélectionnant adéquatement des objets et des situations et en observant les ajustements ultérieurs des élèves.

De cette démarche découleront des données qui s'inséreront dans la seconde étape du processus envisagé. Celle-ci considère les objectifs intermédiaires — dans le sens décrit précédemment — comme des *hypothèses* susceptibles de fournir les bases d'une analyse des objectifs éducatifs chez les handicapés mentaux. Ces hypothèses seront confrontées aux données issues de l'analyse des objectifs opérationnels. Notons que cette étape n'est pas nécessairement subordonnée à la précédente. Nous disposons en effet de connaissances sur certains domaines du répertoire comportemental des handicapés mentaux permettant de tester directement la validité de certains aspects des taxonomies proposées pour les sujets normaux. Pour ces aspects, nous pouvons faire l'économie de la recherche décrite lors de la première étape. Comme nous l'avons souligné précédemment, les données disponibles par exemple dans les domaines de la motricité et du langage peuvent être intégrées dès maintenant dans la construction des objectifs intermédiaires. En revanche, le développement affectif et l'organisation des prérequis nécessaires aux acquis scolaires proprement dits, comme la lecture et le calcul, sont des domaines quasi inexplorés.

La figure 8 résume l'ensemble du processus de la définition des objectifs pour l'enseignement spécialisé. Le puriste verra notre modèle comme une pure hérésie, dans la mesure où nous partons des objectifs opérationnels et non des finalités. Etant donné que ces dernières sont tributaires en grande partie d'une théorie éducative du handicap mental qui reste à être construite, force est d'adopter une attitude pragmatique en commençant à l'autre extrémité du continuum.

La lecture de ce chapitre peut amener chez certains enseignants une réaction de découragement vis-à-vis du travail qu'ils réalisent dans leur classe. Que ces personnes soient ras-

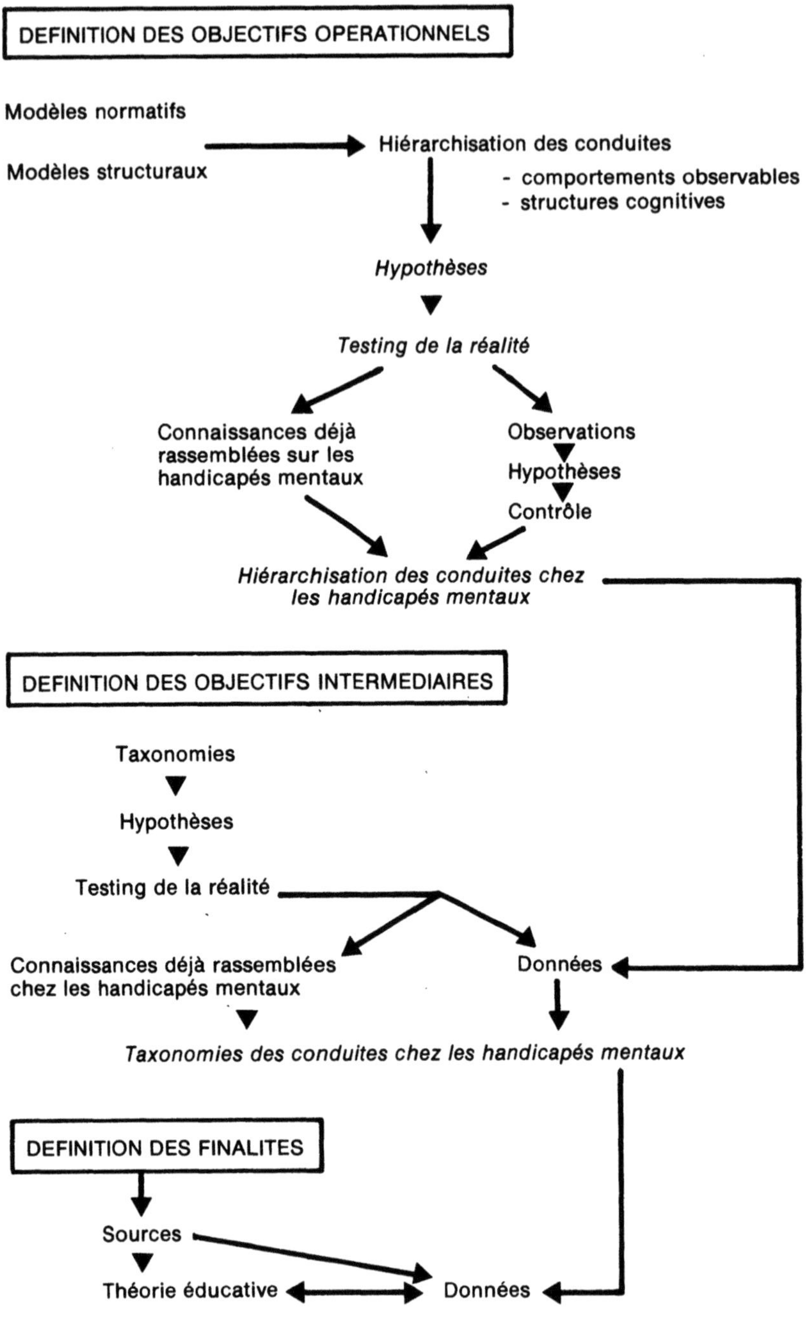

DEFINITION DES OBJECTIFS OPERATIONNELS

Modèles normatifs

Modèles structuraux → Hiérarchisation des conduites
- comportements observables
- structures cognitives

↓

Hypothèses
▼
Testing de la réalité

Connaissances déjà rassemblées sur les handicapés mentaux

Observations
▼
Hypothèses
▼
Contrôle

Hiérarchisation des conduites chez les handicapés mentaux

DEFINITION DES OBJECTIFS INTERMEDIAIRES

Taxonomies
▼
Hypothèses
▼
Testing de la réalité

Connaissances déjà rassemblées chez les handicapés mentaux

Données

▼

Taxonomies des conduites chez les handicapés mentaux

DEFINITION DES FINALITES

Sources
▼
Théorie éducative ⇄ Données

Figure 8. La recherche des objectifs en éducation spécialisée.

surées. Nous avons remis en cause uniquement certaines pratiques qui préconisent de fixer a priori l'ensemble des objectifs de l'éducation spécialisée à partir de modèles empruntés à l'éducation traditionnelle. A aucun moment nous n'avons préconisé l'abandon de toute planification dans la démarche éducative. Quels que soient les niveaux des élèves handicapés mentaux auxquels il s'adresse, l'enseignement devra toujours viser à rencontrer des objectifs tels que l'autonomie dans les déplacements, l'acquisition des capacités de discrimination sensorielle, l'élaboration des prérequis pour la communication ou l'acquisition des éléments de socialisation. Nous pensons au contraire avoir réinstallé l'enseignant au centre de la définition des objectifs éducatifs. Ce sont ses interactions avec les élèves qui forgent les bases de son enseignement. Nous avons voulu également réintroduire une idée fondamentale pour l'enseignement spécial, à savoir que la mise en place d'objectifs doit s'effectuer sur une base individuelle, au niveau de chacun des élèves composant une classe.

Chapitre 5
Evaluer

Nous avons précédemment décrit la condition de l'enseignant au sein de l'enseignement spécial et avons stigmatisé la tendance actuelle qui consiste à éliminer l'enseignant du rôle qui devrait être le sien, à savoir coordonnateur du processus éducatif. Face à un élève handicapé mental, l'enseignant doit se poser trois questions: Qui est cet élève? Que connaît-il? Comment lui apprendre ce qu'il ne connaît pas? Ces interrogations résument les bases d'une action éducative s'articulant autour de deux axes fondamentaux: l'*évaluation* et l'*intervention*. Il existe une dépendance fonctionnelle entre ces deux processus: l'évaluation n'est pas considérée comme une démarche extérieure à l'intervention, mais bien comme une de ses composantes essentielles (Lambert, 1978). Actuellement, on demande à l'enseignant d'éduquer sans participer à l'évaluation. Nous avons clairement défini notre position à cet égard en affirmant que le seul spécialiste de l'éducation scolaire est l'enseignant. A ce jour, l'approche multidisciplinaire dans le diagnostic n'a pratiquement rien apporté: la plupart des informations recueillies n'ont pas de valeur pour l'éducation. L'enseignant fournit le traitement. Il doit donc être en mesure d'émettre son propre diagnostic. C'est dans la littérature anglo-saxonne qu'est apparue pour la première fois, sous la dénomination «diagnostic prescriptive teaching», la notion d'un type d'enseignement intégrant à la fois l'évaluation et l'intervention (Dunn, 1973). Cette manière d'aborder l'éducation des élèves handicapés mentaux n'a été introduite que très récemment dans les pays francophones (Magerotte, 1976; Lambert, 1975, 1978, 1981) sous la notion d'enseignement *évaluatif* et *prescriptif*.

Comme l'indique la figure 9, quatre grandes étapes caractérisent l'action pédagogique: la détermination des objectifs pédagogiques en termes de comportements observables, l'évaluation pédagogique initiale permettant de préciser dans quelle mesure l'élève satisfait ces objectifs, la mise au point du programme d'apprentissage sur la base de l'évaluation et l'intervention proprement dite. Cette intervention débouchera sur une nouvelle évaluation qui entraîne l'étape suivante de l'action: soit une nouvelle intervention, soit une modification du programme.

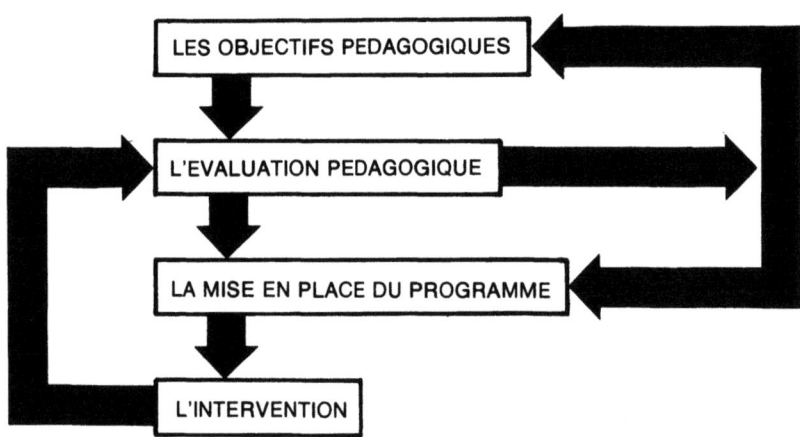

Figure 9. Les étapes de l'enseignement évaluatif et prescriptif.

Dans ce modèle, la démarche utilisée par l'enseignant se hiérarchise comme suit (Ysseldyke et Salvia, 1974; Magerotte, 1976; Lambert, 1981):

1. Déterminer les objectifs pédagogiques.

2. Analyser les domaines comportementaux à l'intérieur de ces objectifs.
3. Définir un domaine dans lequel doit se réaliser un apprentissage.
4. Analyser les acquis de l'élève dans ce domaine:
    A. Observer à l'aide des techniques adéquates.
    B. Enregistrer les performances à l'aide d'épreuves spécifiques.
    C. Synthétiser les observations recueillies par diverses personnes.
    D. Transmettre les observations aux membres des autres disciplines.
5. Fixer un objectif à court terme.
6. Décomposer cet objectif en une série d'étapes.
7. Hiérarchiser les étapes par ordre d'acquisition.
8. Mettre au point la (les) méthode(s) d'apprentissage adaptée(s) à chaque élève.
9. Rassembler ou construire le matériel nécessaire à l'implantation du programme.
10. Evaluer les résultats et, en conséquence, l'efficacité de l'intervention.

Cette démarche repose en grande partie sur les capacités développées par les enseignants pour évaluer leurs élèves.

L'évaluation consiste en la collecte systématique, l'organisation et l'interprétation des informations disponibles sur un individu à un moment donné de son développement. Avant même d'envisager ce processus, il est nécessaire de dissiper deux malentendus fréquents, formulés comme suit:

- *L'évaluation est synonyme de diagnostic, au sens médical du terme*

Dans la pratique médicale, plusieurs symptômes sont identifiés et regroupés en syndromes, puis le diagnostic est posé, révisable ou non selon l'évolution. Cette démarche scientifique se base sur des certitudes: un symptôme est nécessairement rattaché à une ou plusieurs causes, ces causes sont pathologiques; le diagnostic entraîne la mise en place d'un traitement et, généralement, d'un pronostic. Le modèle médical n'est pas approprié à l'évaluation en arriération mentale et ce, pour plusieurs raisons (Lambert, 1978). D'une manière générale, les données disponibles sur le handicap mental ne permettent pas d'établir des liaisons univoques entre un déficit organique et un comportement retardé. D'autre part, le passage du diagnostic au traitement n'est pas automatique: le fait de dire qu'un enfant est handicapé mental ne signifie nullement que l'on dispose des moyens éducatifs adaptés à son niveau. Trop souvent, le diagnostic n'est envisagé que sous son aspect le moins intéressant: l'attribution d'une étiquette à un sujet et son orientation dans un système d'enseignement spécial. Le diagnostic devient alors une fin en soi. Telle que nous l'envisageons, l'évaluation est un processus continu, déterminé par l'évolution de l'enfant handicapé mental avec ses acquis et ses déficits.

- L'évaluation prend trop de temps. Elle est un frein pour l'enseignement

Cette phrase, que de fois ne l'avons-nous pas entendue de la bouche d'enseignants non informés sur les bénéfices à retirer d'une évaluation systématique. Nous avons l'habitude d'y répliquer en posant deux questions: Faites-vous des évaluations dans vos classes et si oui, lesquelles? Avez-vous le sentiment que ces évaluations sont utiles? Les réponses à la première question sont toujours affirmatives. En effet, tous les enseignants procèdent à des évaluations de leurs élèves selon un rythme imposé le plus souvent par les autorités scolaires et suivant des modalités diverses: bulletins hebdomadaires, rapports trimestriels, synthèses annuelles, etc. Généralement, cela exige du temps. Il serait intéressant de chiffrer le temps exigé par ces évaluations au terme d'une année scolaire. Les réponses à la seconde question sont par contre presque toutes négatives. Les enseignants estiment que peu de personnes sont intéressées par les rapports qu'ils rédigent. En réalité, ces évaluations sont considérées comme de véritables «corvées» auxquelles on tente d'échapper. De plus, elles n'apprennent que peu de choses sur les élèves et n'apportent aucune information sur la manière dont l'éducation doit se dérouler. C'est dans l'élaboration et la rédaction de tels rapports que se situe en fait le gaspillage de temps pour l'enseignant. Outre sa dimension informative sur l'enfant, l'évaluation remplit une seconde fonction : elle permet à l'enseignant de situer en permanence le déroulement de l'éducation. Comme l'indique le modèle décrit ci-dessus, l'évaluation des résultats consiste en fait à juger de l'efficacité de l'intervention. L'évaluation ne doit donc plus être considérée comme une action étrangère à l'intervention, comme un simple exercice de temps perdu, mais bien comme un élément essentiel de la démarche éducative.

1. Les caractéristiques de l'évaluation

Pour être efficace, c'est-à-dire servir de base à l'intervention, l'évaluation doit réunir les qualités suivantes :

- *Etre orientée vers un but précis*

La collecte et l'organisation des informations servant à décrire le comportement d'un élève procèdent de trois sources principales : le niveau actuel des performances du sujet, les comportements spécifiques visés par l'enseignement et les réactions du sujet envers l'enseignement. Les deux premiers aspects sont envisagés ci-après; le troisième ayant trait à l'intervention fera l'objet d'un développement dans la seconde partie du chapitre.

- *Incorporer une variété d'informations*

Le testing n'est pas l'unique méthode de collecte des données. La tâche de l'enseignant consiste également à synthétiser les informations recueillies par toutes les personnes touchant de près ou de loin l'éducation d'un élève, puis à les intégrer de manière originale dans sa démarche. De plus, l'observation quotidienne fournit des indications de première importance sur l'évolution des élèves. Enfin, l'enseignant doit être capable de construire ses propres techniques d'évaluation.

- *Se dérouler dans le milieu scolaire*

Il est révolu le temps où l'on pensait que l'évaluation devait nécessairement se dérouler dans un environnement rigoureusement contrôlé, hors du milieu habituel de vie des élèves, le plus souvent sous la forme de tests administrés par des personnes non familières aux enfants. C'est avec une insistance croissante que s'affirment dans le domaine du handicap mental les thèses de la validité écologique des comportements (Brooks et Baumeister, 1977; Cantrell et Cantrell, 1980). L'évaluation doit être menée dans l'environnement quotidien de l'enfant, sa classe, parce que c'est là qu'il est amené à agir. Le fait de conférer à l'enseignant le rôle central dans le processus d'évaluation est une conséquence de cette réalité. L'enseignant est la personne qui a le plus de contacts avec les élèves et se retrouve ainsi dans une position permettant de recueillir les données les plus riches et les plus significatives.

- *Etre continue*

Il convient de distinguer deux types d'évaluation selon les moments auxquels elles se déroulent dans l'action éducative. L'évaluation initiale d'un élève consiste à recueillir les données indispensables pour planifier les débuts de l'intervention. Il s'agit de l'ensemble des informations dont a besoin l'enseignement pour préparer les programmes éducatifs. Il est évident que cette évaluation doit être limitée dans le temps. Si un enseignant souhaite rassembler des renseignements jusqu'à ce que toute l'information concernant un élève soit disponible, il n'aura jamais l'occasion d'atteindre le stade de l'intervention proprement dite. L'évaluation n'est pas une fin en elle-même, mais un moyen au service de l'action éducative. L'évaluation initiale doit être conduite jusqu'au moment où l'enseignant est à même de construire un programme individuel sur la base de données tangibles et d'hypothèses formulées sur le niveau de fonctionnement de l'élève. C'est alors que prend place l'évaluation continue par laquelle l'enseignant vérifie le bien-fondé de ses hypothèses, s'intéresse aux comportements spécifiques non inclus dans l'évaluation initiale, contrôle les performances des sujets et réajuste constamment son action en fonction de l'évolution des interactions éducatives.

2. EVALUER LE NIVEAU ACTUEL DES PERFORMANCES D'UN ELEVE

Lors de l'évaluation initiale, l'enseignant peut se contenter d'obtenir une description globale des acquis et des faiblesses de l'élève. Nous soulignons le fait que les acquis doivent faire partie intégrante de l'évaluation. Trop souvent, le comportement des sujets handicapés mentaux est approché en termes de déficits : « l'élève est incapable de ... » ; « il n'a pas encore appris ... » ; « il lui manque ... ». Du fait même de son handicap, l'élève est évidemment sujet à de telles descriptions négatives. L'évaluation des acquis, c'est-à-dire ce que l'élève est capable de réaliser, offre dès le départ une autre dimension au processus éducatif. La première étape de l'évaluation consiste habituellement à déterminer un niveau général au moyen de tests. Deux grands types d'épreuves sont disponibles : les tests d'intelligence et les tests spécifiques s'intéressant aux grands domaines comportementaux que sont la motricité, la perception, le langage, les acquis académiques et les conduites de socialisation.

A. Les tests d'intelligence

Nous sommes partisan du maintien d'un test d'intelligence dans l'évaluation globale des enfants handicapés mentaux (Lambert, 1978, pp. 113-140). Ce genre d'épreuve fournit deux indices intéressants : l'âge mental et le quotient intellectuel. Notons que l'âge mental ne peut être obtenu au moyen des échelles de Wechsler (WISC = Echelle d'Intelligence pour enfants ; WPPSI = Echelle d'Intelligence Préscolaire), lesquelles ne fournissent qu'un score, abusivement appelé quotient intellectuel. Pour le domaine du handicap mental, nous préconisons l'utilisation d'épreuves comme la Terman-Merrill ou la Nouvelle Echelle Métrique d'Intelligence de Zazzo, susceptible de dégager un âge mental. L'âge mental mesure la maturation de certains comportements acquis par l'enfant au moment où il est testé. Le quotient intellectuel est un indice de la valeur de ses progrès et peut servir, dans certaines limites, de prédicteur de la vitesse de croissance.

Les enseignants ne doivent pas toutefois se laisser abuser par la magie des chiffres. Il est important pour eux de connaître ce que sont les tests d'intelligence, ce qu'ils peuvent offrir comme indications et en quoi leur introduction dans le processus éducatif est limitée. Laycock (1978) fournit une synthèse intéressante des tests d'intelligence en fonction de leur utilité pour les enseignants :

- Le quotient intellectuel est une information limitée pour la prédiction de l'intégration socio-professionnelle. Une recherche récente de Flynn (1980) montre que chez des sujets handicapés mentaux le niveau intellectuel n'est qu'une des treize variables incluses dans le pronostic de l'adaptation future.
- Le quotient intellectuel est limité lorsqu'il s'agit de prédire l'évolution des comportements non académiques comme la socialisation ou le langage.
- Les tests d'intelligence ne fournissent que des produits de l'activité cognitive. Ils ne décrivent pas les processus.
- Généralement, les tests pénalisent ou ne tiennent pas compte des réponses conventionnelles.

Nous pourrions ajouter que les tests classiques doivent être utilisés avec d'énormes précautions interprétatives lorsqu'ils s'adressent à des enfants issus de minorités socioculturelles. Enfin, les tests aboutissent généralement à répartir les enfants dans des catégories ne possédant aucune validité sur le plan comportemental (Garrett et Brazil, 1979).

Notre propos n'est pas d'exiger pour les enseignants le droit de faire passer ces tests à leurs élèves. Ils ont d'autres choses à faire et, finalement, que resterait-il aux psychologues s'ils étaient démunis de leurs chers tests... ? Nous estimons cependant que la formation des enseignants doit leur permettre de disposer des bases suffisantes pour utiliser les données émanant des tests d'intelligence et les insérer dans l'évaluation des élèves.

B. Les épreuves spécifiques

L'obtention d'un score global de fonctionnement intellectuel n'est que le point de départ de l'évaluation, il est également indispensable d'avoir des appréciations générales dans les autres domaines du répertoire comportemental. A côté des épreuves classiques [(tests de Bender, Rey ou Frostig (1967)] pour le développement de la perception, ou encore les épreuves d'Oseretsky pour le développement psychomoteur, le domaine de l'enseignement spécialisé ne comporte guère de tests destinés à évaluer les capacités des sujets handicapés mentaux, et notamment dans les aires du langage et des performances académiques. Les indices fournis par les tests standardisés posent tout le problème de la référence normative chez les handicapés mentaux. Le fait d'assigner un score à un sujet permet une seule démarche : la comparaison avec la moyenne des résultats présentés par un groupe de sujets à la même épreuve. On obtient ainsi des notes en termes d'âges ou de niveaux. Par exemple, on dira d'un enfant handicapé mental âgé de 9 ans qu'il se situe, sur le plan psychomoteur, à un niveau égal à celui d'un enfant de 5 ans. Cette référence ne peut être surestimée en ce sens qu'un âge ou un niveau donnés acquièrent des significations différentes en fonction de l'âge chronologique. C'est ainsi qu'on ne peut attendre d'un enfant âgé de 13 ans ayant un niveau de développement perceptif de 6 ans qu'il se comporte de la même manière qu'un enfant âgé de 5 ans présentant lui aussi un niveau de performances équivalent à celui d'un sujet de 6 ans. De plus, on ne peut inférer une identité de capacités à partir de performances semblables d'enfants de mêmes niveaux et de mêmes âges chronologiques.

Les tests ne fournissent que des indications par rapport à une norme. Ils n'expliquent nullement les causes des différences enregistrées et sont de peu d'utilité pour la planification de la démarche éducative. Nous souhaitons attirer l'attention des enseignants sur certains dangers d'interprétation inhérents à l'utilisation d'épreuves standardisées pour mesurer les progrès des élèves handicapés mentaux dans le domaine des performances académiques. D'une part, il n'existe aucune certitude quant à l'identité des processus mis en œuvre par les enfants normaux et handicapés mentaux dans l'acquisition de la lecture, de l'écriture et du calcul. Si ces processus sont différents, l'adéquation de la référence normative s'estompe. D'autre part, les tests de performances académiques traduisent généralement les résultats en termes de niveaux globaux d'acquisition. On dira d'un enfant qu'il a atteint en lecture le niveau d'un élève de troisième année primaire. Or, des travaux montrent que de telles inhérences sont inadéquates chez les sujets handicapés mentaux, la plupart des tests utilisés ne reflétant pas les progrès réalisés par ces élèves (Jenkins et Pany, 1978; Duffey et Fedner, 1978). La valeur à accorder aux tests dépend de la qualité des épreuves utilisées. Etant donné que ces épreuves ont été construites en fonction du développement normal, on ne doit pas s'attendre à ce qu'elles offrent des indications précises sur les modes de réactions d'enfants qui, par définition, sont différents des enfants normaux.

Jusqu'ici, nous avons envisagé l'évaluation initiale du niveau de performance des élèves sur la base de comparaisons avec des sujets d'âges chronologiques équivalents. Indépendamment de la valeur des données recueillies, cette démarche nous met en présence d'un aspect de la réalité comportementale : les différences interindividuelles. Dans le domaine éducatif, il n'est pas suffisant de s'arrêter à cette seule description. Il est tout aussi important de prendre en considération les différences intra-individuelles, c'est-à-dire les écarts existant dans le développement d'un sujet entre les divers domaines comportementaux. Il appartient à l'enseignant d'analyser ces différences, de voir dans quelle mesure les déficits observés sont généralisables à l'ensemble du répertoire comportemental ou, au contraire, sont limités à des aspects spécifiques. La mise en évidence des différents niveaux de fonctionnement d'un individu ne peut se réaliser actuellement dans le domaine du handicap mental sur la seule base des résultats aux tests. Elle implique le rassemblement d'informations dérivées de l'évaluation des comportements spécifiques.

3. L'EVALUATION COMPORTEMENTALE

Si l'évaluation initiale est indispensable parce qu'elle offre une appréciation globale du niveau de fonctionnement d'un sujet, elle comporte néanmoins une limitation importante en ce sens qu'elle ne fournit pas les bases directes de l'intervention. Or, c'est cette relation nécessaire entre l'évaluation et l'intervention qui est véhiculée par la notion d'un enseignement évaluatif et prescriptif. Le fait de situer les problèmes développementaux d'un sujet ne garantit en rien la connaissance de ce que ce sujet est capable de faire ou non. Il est nécessaire de passer au second stade de l'évaluation, celle qui prend en considération les comportements spécifiques. L'utilisation de termes tels que « agressivité, dépendance, mauvaises performances académiques, bonne acceptation de soi, niveau d'aspiration peu élevé, réactions de retrait » ne permet pas de décrire avec précision ce qui peut être réalisé pratiquement pour aider un enfant. Avant même de planifier l'intervention, il est nécessaire de définir les objectifs de cette intervention en termes précis de comportements observables. Un enseignant doit connaître exactement ce que fait un élève et ce qu'il ne fait pas. Pour mener à bien cette tâche, l'enseignant dispose de deux outils : l'observation et les épreuves à références critérielles.

A. L'observation

Trop souvent sous-estimée comme méthode de recueil des données, l'observation directe du comportement des élèves est cependant un outil privilégié pour l'évaluation. Elle doit être le complément indispensable à l'administration d'épreuves standardisées ou spécifiques. Notre expérience montre qu'il est toujours malaisé de convaincre les enseignants des bénéfices à retirer d'une observation systématique du comportement de leurs élèves. Il est certain que l'on ne peut observer et enregistrer tout ce qui se passe au sein d'une classe. Outre le fait qu'une telle entreprise dépasse de loin les capacités humaines, elle aboutirait à détourner l'enseignant de sa tâche première. L'observation doit donc être limitée aux situations et aux aspects comportementaux qui ont une signification à un moment donné dans le processus éducatif.

L'observation peut revêtir des formes diverses. Généralement, elle se caractérise en fonction du degré de structuration imposé dans la récolte des faits. A son niveau le plus élémentaire, l'observation est informelle, l'enseignant se contentant de regarder ce qui se passe, sans efforts pour systématiser ou quantifier l'information. Cette démarche laisse une part importante à la subjectivité et est peu utile dans la mesure où les faits significatifs sont soit oubliés, soit trop nombreux pour être utilisés efficacement dans le processus éducatif. Pour éviter que les informations ne soient perdues, il est nécessaire d'avoir recours à des méthodes plus structurées. Deux mesures sont employées dans l'observation des comportements:

- *la fréquence* : le nombre d'apparitions d'un comportement pendant une durée limitée,
- *la durée* : l'intervalle temporel s'écoulant entre le début et la fin d'un comportement.

Pour utiliser efficacement la fréquence, il faut que deux émissions successives de la même réponse soient distinctes et que la réponse se déroule pendant une période de temps relativement constante. La longueur d'une production verbale, le sourire, le jeu, l'attention à une tâche ou une activité manuelle sont difficiles à enregistrer sur la base de la fréquence, leur durée d'émission variant très fort d'un sujet à l'autre et suivant les contingences du milieu. Dans ce cas, l'observation de la durée d'émission peut se révéler utile. C'est ainsi qu'un enseignant enregistrera la durée d'attention à une tâche produite par un élève et comparera les durées en fonction des exercices proposés. De même, l'enseignant se rendra compte des progrès réalisés par un élève au niveau du langage expressif en enregistrant la durée de ses émissions verbales à certaines périodes de l'année scolaire. De nombreux comportements émis au sein d'une classe se prêtent, quant à eux, à une mesure de fréquence : les accidents de propreté sphinctérienne, le nombre de phrases correctement lues, les erreurs d'articulation, le nombre de gestes stéréotypés, le nombre d'opérations de calcul correctement effectuées, etc. Afin de disposer de données comparatives, l'enseignant peut utiliser la mesure du débit de réponses. Elle consiste à établir un rapport entre la fréquence et la durée de l'observation. Par exemple, un élève a quitté 16 fois sa chaise au cours d'une leçon de 20 minutes. Le débit de la réponse est égal à .8 par minute. Dans ce cas, l'enseignant s'efforcera peut-être de réduire ce débit parce qu'il considère qu'un tel comportement entraîne un dérangement excessif au sein de sa classe.

Notre expérience indique que la mesure de la fréquence est très aisée à utiliser quotidiennement en classe spéciale sous deux conditions. Premièrement, si l'enseignant est seul dans sa classe avec ses élèves, il peut difficilement observer par jour plus d'un comportement chez chacun des enfants. C'est donc en fonction des objectifs individuels et de l'état d'avancement de sa démarche éducative qu'il doit fixer au préalable les comportements à observer. Deuxièmement, pour être efficace, l'observation doit être immédiatement retranscrite dans le protocole individuel de l'élève, cela afin de fournir une image de l'évolution du comportement envisagé. La traduction directe des résultats en graphiques possède une valeur motivationnelle évidente, tant pour l'enseignant que pour l'élève.

Comme bases pour l'observation, certains enseignants construisent leurs propres grilles. D'autres préfèrent se servir d'échelles comme celles qui vont être décrites ci-dessous. L'enseignement étant avant tout un acte personnel, c'est à l'enseignant qu'il appartient de choisir la méthode qui convient le mieux aux objectifs qu'il a fixés pour ses élèves. L'observation en tant que telle ne doit pas être idéalisée. Son efficacité est nécessairement limitée par les contraintes de la classe et de l'enseignement. En conséquence, elle ne peut fournir que des indications parcellaires et doit être envisagée comme une démarche utile, mais non unique, s'intégrant dans un processus évaluatif plus spécifique.

B. L'utilisation d'épreuves à références critérielles

C'est à partir des travaux de Glaser (1971) et Charles (1976) que s'est développé dans le domaine de l'éducation un courant d'évaluation permettant de mesurer les performances individuelles en fonction d'un critère de maîtrise prédéterminé. Cette approche contraste avec l'évaluation normative comparant les performances d'un sujet par rapport à la moyenne des performances de ses pairs. La mesure par référence critérielle permet à l'enseignant de décrire la compétence de l'élève en termes absolus et non plus relatifs. La démarche présidant à la construction d'épreuves critérielles se présente comme suit (Laycock, 1978), nous l'avons illustrée d'un exemple pris au domaine de l'apprentissage discriminatif:

1. Identifier un comportement en termes observables (exemple: l'élève doit discriminer les lettres d, b et p).
2. Décomposer ce comportement en une série d'étapes nécessaires à sa réalisation. La discrimination de lettres est un processus comprenant au moins trois étapes: la dénomination, la désignation et la mise en correspondance.
3. Fournir une première hiérarchisation des étapes. Cette démarche est empirique. Dans l'exemple, nous l'envisageons comme suit: mise en correspondance (les d avec les d et les b avec les b, ...) → désignation («Montre-moi d») → dénomination («Qu'est-ce que c'est?»).
4. Spécifier les conditions de performances de chacune des étapes:
   A. Décrire le matériel. Par exemple, pour la mise en correspondance, on disposera de cartons sur lesquels sont imprimées les lettres.
   B. Décrire le mode de présentation. L'enfant a devant lui trois cartons contenant chacun une lettre, d, p ou b. Il dispose en outre d'un tas de cartons identiques, mélangés, sur lesquels sont reproduites les lettres.
5. Etablir des critères de maîtrise pour chacune des étapes, par exemple en termes de nombre correct de réponses, de débit de réponses ou de pourcentage de réussite. L'élève devra classer correctement 24 cartons sur les 30 mis à sa disposition.

6. Préparer le matériel et la feuille d'enregistrement des réponses.
7. Présenter les étapes à l'élève.
8. Enregistrer les réponses.
9. Evaluer les performances en référence aux critères fixés.
10. Evaluer la validité de la hiérarchisation des étapes présentées au point 3 et la modifier le cas échéant.

Ce processus aboutit à la construction de véritables épreuves évaluatives et prescriptives. L'instrument ainsi créé s'adapte à chaque comportement que l'on souhaite apprendre aux élèves. De plus, il tient compte des différences interindividuelles par le contrôle permanent de l'adéquation des critères, du rythme d'apprentissage et de la hiérarchisation des étapes. Enfin, le processus permet de situer avec précision les erreurs et leur signification.

Il est certain que des domaines comportementaux se prêtent mieux que d'autres à l'utilisation d'épreuves critérielles. C'est par exemple le cas pour les discriminations, les tâches académiques, les exercices de motricité générale et fine, ou encore certains aspects du langage comme le vocabulaire expressif ou la maîtrise de la syntaxe. D'autres aspects du comportement, comme l'ensemble du développement affectif, sont encore insuffisamment documentés chez les élèves handicapés mentaux pour se plier à une telle analyse. L'avantage le plus évident de ce type d'épreuves réside dans le fait qu'elles incorporent le contenu de l'enseignement dispensé en classe et, notamment chez des sujets handicapés mentaux, sont plus discriminatives que les épreuves normatives en ce qui concerne les progrès réalisés.

Des auteurs comme Ebel (1973) et Lidz (1979) ont reproché aux épreuves critérielles d'entraîner les enseignants dans une systématique trop rigoureuse, à savoir la multiplication des instruments de mesure et l'allongement indéfini de la hiérarchisation des étapes nécessaires pour atteindre un objectif, tout cela au détriment de l'éducation elle-même. Il existe là incontestablement un danger sur lequel nous souhaitons attirer l'attention. Le développement d'une technologie de l'enseignement spécial ne doit pas faire perdre de vue que ce ne sont pas les méthodes en elles-mêmes qui sont au centre de l'éducation, mais bien les élèves handicapés mentaux, avec leur individualité (Carr, 1979). La technologie ne doit en aucun cas se substituer à la relation enseignant-enseigné, envisagée sous l'angle d'une structuration progressive de la personnalité de l'élève. En présentant les méthodes d'évaluation, notre propos n'est pas de prôner l'installation d'une technologie désincarnée qui oublie l'élève au profit du développement d'un ensemble de connaissances scientifiques. Au contraire, notre objectif est purement informatif. Le bon enseignant est celui qui connaît la technologie éducative, la maîtrise pour restituer dans son action les éléments qui lui paraissent les plus appropriés à la personne qu'il a la tâche d'éduquer.

Notre plaidoyer pour l'évaluation serait incontestablement hors de propos s'il n'existait des outils destinés à aider l'enseignant à mieux cerner les comportements de leurs élèves handicapés mentaux. Le développement de tels instruments est récent en langue française. Actuellement, on dispose de quatre épreuves globales permettant une approche de l'ensemble des grandes catégories comportementales. Ces épreuves sont:

- *L'Inventaire des Progrès du Développement Social - Forme 1 (PAC-1)*, mis au point par Gunzburg, traduite et adaptée par Magerotte et Fontaine (1972). Il s'agit d'un inventaire des conduites sociales divisé en 4 domaines: l'autonomie, la communication, la socialisation et l'occupation. Chacun de ces domaines est composé d'une série d'items répartis en plusieurs catégories comportementales. Les comportements sont rangés dans l'ordre de leur apparition au cours du développement. Chaque item est accompagné d'une lettre (A à G) qui indique la séquence approximative des étapes développementales dans chaque domaine. La base de la cotation est l'observation du sujet dans son milieu habituel de vie.

- *L'Inventaire des Progrès du Développement social - Forme 2 (PAC-2)*, spécialement adapté à des adolescents ou jeunes adultes handicapés mentaux (Magerotte et Fontaine, 1972).

- *Le Premier Inventaire des Progrès du Développement Social (PPAC)* est approprié aux jeunes enfants ou aux arriérés mentaux sévères et profonds. La structure de l'échelle, sa passation et son système de cotation sont semblables à ceux du PAC-1 et 2 (Magerotte et Fontaine, 1972).

- *L'Echelle de Comportement adaptatif*, publiée par Nihira et ses collaborateurs, traduite et adaptée par Magerotte (1978) comprend 6 sous-échelles, chacune étant destinée à une population spécifique:
- échelle 1: niveau limite et retard léger: Age chronologique: 72-95 mois,
- échelle 2: niveau limite et retard léger: A.C. = 26-119 mois,
- échelle 3: niveau limite et retard léger: A.C. = 120-155 mois,
- échelle 4: niveau modéré, sévère et profond: A.C. = 72-95 mois,
- échelle 5: niveau modéré, sévère et profond: A.C. = 96-119 mois,
- échelle 6: niveau modéré, sévère et profond: A.C. = 120-155 mois.

Chaque échelle comprend deux parties, divisées en une série de domaines comportementaux:

Partie I: *Indépendance* (repas, toilette, propreté, habillage, soin des vêtements, développement moteur, déplacements, souci de santé), *activité économique* (argent, achats), *développement du langage* (expression, compréhension, langage social), *notion de nombre et de temps, activités ménagères* (nettoyage, travaux de ménage, initiative), *travail manuel, autodirection* (persévérance, temps libre), *responsabilité* et *socialisation*.

Partie II: conduites adaptatives: *violence physique et destruction, autodestruction*, comportements sociaux inacceptables, agressivité verbale, *opposition, repli sur soi*, hyperactivité, *comportements sexuels inadaptés* et *comportements d'inadaptation personnelle*.

Ces outils d'évaluation devraient faire partie du bagage de tout enseignant spécialisé. Il existe d'autres échelles d'adaptation sociale qui n'ont pas encore été adaptées en langue française; c'est notamment le cas de celle de Sparrow et Cicchetti (1978) pour les enfants handicapés mentaux sévères et profonds.

Dans une série d'expériences réalisées avec des enseignants du spécial, nous avons construit plusieurs instruments d'évaluation s'intéressant à des domaines comportementaux qui, selon nous, ne sont pas suffisamment développés dans les échelles d'adaptation sociale. C'est ainsi que dans le domaine du langage, nous disposons d'un instrument d'observation permettant aux enseignants d'évaluer le niveau global de développement de leurs élèves handicapés mentaux et de mesurer l'évolution au cours de l'année scolaire (Lambert, 1979a). La figure 10 présente cette échelle.

Compréhension

1. Regarde un objet lorsqu'il est nommé.
2. Répond à son nom.
3. Montre les parties du corps.
4. Montre 20 objets nommés.
5. Montre 20 images nommées.
6. Montre les couleurs nommées.
7. Montre les formes nommées.
8. Montre les positions nommées: gauche, droite, haut, bas, devant, derrière.
9. Stoppe une activité en réponse à la commande «Non».
10. Répond correctement à 10 actions (ordres) simples. Donner la liste.
11. Répond correctement à un ordre comprenant deux composantes successives.
12. Répond correctement à un ordre comprenant trois composantes successives.
13. Identifie correctement 10 fonctions d'objets (loto des fonctions).
14. *Compréhension de phrases:*

    L'élève doit montrer sur des sujets dessinés ou animés:

    Groupe du sujet:
    1. Sujet seul (3* personne).
    2. Sujet + adjectif (exemple: gros chat).
    3. Deux sujets.
    4. Sujet + relative (ex.: le chat qui est gros).

    Groupe du verbe:
    1. Verbe seul
    2. Verbe + objet directe (ex.: manger une souris).
    3. Verbe + deux objets directs.
    4. Deux verbes (ex.: manger et courir).
15. *Compréhension de phrases négatives:*
    1. Répond correctement à un ordre produit par l'enseignant, ordre contenant une négative (ex.: n'ouvre pas la porte).
    2. Montre un dessin contenant une forme négative (ex.: le garçon ne mange pas la pomme).

16. *Compréhension de la conjugaison:*
    1. Montre sur un dessin une action faisant intervenir le présent.
    2. Montre une action faisant intervenir le futur.
    3. Montre une action faisant intervenir le futur.
17. *Notions temporelles (sur calendrier):*
    1. Aujourd'hui   5. Jour
    2. Hier   6. Nuit
    3. Demain   7. Après-midi
    4. Matin   8. Soir
18. *Compréhension du genre:*
    1. Comprend le masculin.
    2. Comprend le féminin.
19. *Compréhension du nombre:*
    1. Comprend le singulier.
    2. Comprend le pluriel.
20. *Compréhension des pronoms:*
    je   nous
    tu   vous
    il   ils
21. *Compréhension de la possession:*
    mon-ma   nos
    ton-ta   vos
    son-sa

Expression

1. Emet des cris.
2. Emet des sons (aaa-iii).
3. Emet des syllabes simples: consonnes + voyelles (da, pi).
4. Emet des sons vocaux lors de jeux (re-re-re, ta-ta-ta).
5. Emet des syllabes doubles: consonnes + voyelles (dada, titi).
6. Emet un mot.
7. Emet plusieurs mots isolés. Dresser la liste.
8. Emet deux mots phrases (ex.: papa parti).
9. Emet trois mots phrases (ex.: papa fume pipe).
10. Nomme 10 objets: dresser la liste.
11. Nomme 10 images: dresser la liste.
12. Nomme 10 actions: dresser la liste des verbes.
13. Nomme les couleurs: dresser la liste.
14. Nomme les formes: dresser la liste.
15. Nomme les positions: devant, derrière, gauche, droite, haut, bas.
16. Utilise la forme interrogative: pose des questions.
17. *Emet des phrases:*

    Groupe du sujet:
    1. Sujet seul (3ᵉ personne).
    2. Sujet + adjectif.
    3. Deux sujets.
    4. Sujet + relative.

    Groupe du verbe:
    1. Verbe seul.

    2. Verbe + objet.
    3. Verbe + deux objets.
    4. Deux verbes.
   18. Emet des phrases contenant une négation.
   19. Utilise la conjugaison dans ses productions: présent - passé - futur.
   20. Utilise les notions de temps: hier - aujourd'hui - demain.
   21. Utilise le genre: masculin - féminin.
   22. Utilise le nombre: singulier - pluriel.
   23. Utilise les pronoms: je - tu - il - nous - vous.

Figure 10. Echelle d'évaluation du langage (Lambert, 1979a).

De même, dans le domaine des discriminations, nous avons élaboré une grille faisant intervenir les différents niveaux d'acquisition et les modalités perceptives. La figure 11 montre un extrait de cette grille. Cette échelle fait partie d'un instrument plus vaste d'évaluation scolaire que nous sommes en train d'expérimenter avec des enseignants de classes spéciales pour élèves handicapés mentaux modérés et sévères (Lambert, 1979b).

POUR TOUTES LES DISCRIMINATIONS, LA COTATION SE FAIT EN TROIS ETAPES SCHEMATISEES PAR LES TROIS LETTRES:

E: Mettre ensemble d'après un modèle.
O: Montrer sur ordre, en réponse à la question «Montre-moi...».
N: Nommer, en réponse à la question «Qu'est-ce que c'est?».

1. *Tact:* distingue:

le chaud	E-O-N	le rugueux	E-O-N
le froid	E-O-N	le tranchant	E-O-N
le mouillé	E-O-N	le lourd	E-O-N
le sec	E-O-N	le léger	E-O-N
le lisse	E-O-N		

2. *Goût et odorat:* distingue:

le sucré	E-O-N		
le salé	E-O-N	une odeur agréable	E-O-N
le sûr	E-O-N	une odeur désagréable	E-O-N

3. *Auditions:*
   1. Tourne la tête à un bruit.
   2. Tourne la tête à l'appel de son nom.
   3. Distingue un son fort d'un son faible E-O-N.
   4. Distingue un son aigu d'un son grave E-O-N.
   5. Reconnaît des bruits familiers. Dresser la liste E-O-N.

6. Reconnaît des cris familiers. Dresser la liste **E-O-N**.
7. Reconnaît des instruments de musique. Dresser la liste **E-O-N**.

4. *Formes:*
   1. Met ensemble deux objets ayant une forme identique. Dresser la liste.
   2. Met ensemble deux formes identiques par encastrement. Dresser la liste.
   3. Réussit un loto de formes.
   4. Montre une forme déterminée. Dresser la liste.
   5. Nomme une forme déterminée. Dresser la liste.

5. *Couleurs:*
   1. Met ensemble deux objets de couleurs identiques. Dresser la liste des couleurs.
   2. Met ensemble deux cartons de couleurs identiques. Dresser la liste.
   3. Montre un objet d'une couleur déterminée. Dresser la liste.
   4. Nomme une couleur déterminée. Dresser la liste.
   5. Colorie un dessin de même couleur qu'un modèle.
   6. Colorie un dessin en utilisant une couleur sur ordre.

6. *Objets:*
   1. Met ensemble deux objets semblables.
   2. Réussit un loto d'objets.
   3. Montre des objets sur ordre. Dresser la liste.
   4. Nomme des objets usuels. Dresser la liste.

7. *Images:*
   1. Associe un objet à une image. Dresser la liste.
   2. Met ensemble deux images identiques.
   3. Réussit un loto d'images.

8. *Schéma corporel:*

   Distingue les différentes parties du corps:
   sur soi   E-O-N   Dresser la liste
   sur autrui   E-O-N   Dresser la liste
   Note: l'exercice E consiste en une épreuve d'imitation, l'élève devant imiter l'action réalisée par un modèle.

9. *Coordonnées spatiales:*

   Distingue les coordonnées spatiales:
   sur objet   E-O-N   Dresser la liste
   par rapport à un point de référence du milieu E-O-N. Dresser la liste
   sur soi   E-O-N   Dresser la liste

Figure 11. Echelle d'évaluation des discriminations (Lambert, 1979b).

Il est évident que de tels instruments ne représentent pas en eux-mêmes la solution à l'éducation des élèves handicapés mentaux. Ils servent de base à l'intervention. Comme l'indique la figure 12, reprenant l'ensemble de la démarche éducative,

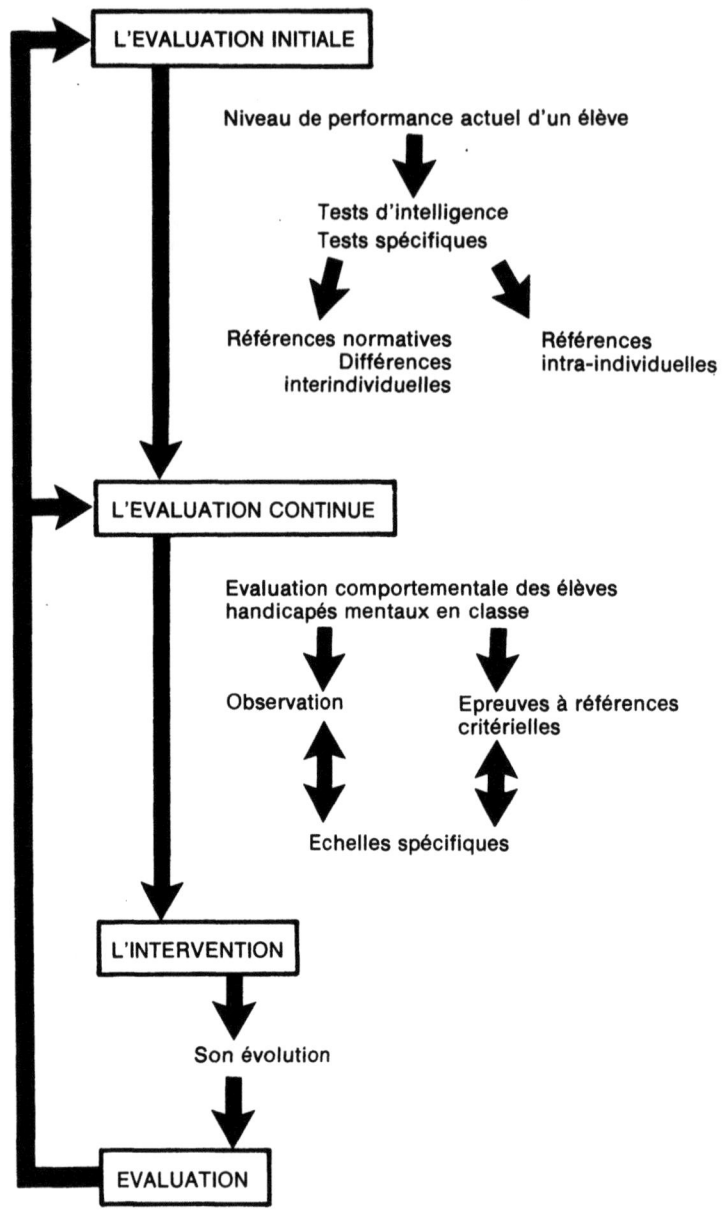

Figure 12. La démarche évaluative.

les différents outils mis à la disposition des enseignants doivent s'intégrer dans l'éducation en déterminant les niveaux des élèves et en mesurant les résultats de l'éducation.

Chapitre 6
Enseigner

Après avoir évalué ses élèves, l'enseignant se trouve confronté à la question essentielle: comment enseigner? Les principales variables intervenant dans le processus complexe de l'enseignement sont les suivantes: la personnalité de l'enseignant, les caractéristiques individuelles des élèves, les interactions enseignant-élèves, l'environnement scolaire au sens large, la structure et le contenu des programmes. Chacune de ces dimensions a fait l'objet d'un nombre impressionnant d'études dans l'enseignement traditionnel. Notre propos n'est pas d'analyser l'ensemble de la littérature consacrée aux processus d'enseignement dans les classes régulières puis d'adapter éventuellement les résultats au milieu scolaire spécial, mais plutôt d'envisager certains aspects de l'éducation avec les élèves handicapés mentaux. Notre choix s'est porté sur cinq domaines: les caractéristiques des élèves handicapés mentaux abordées sous l'angle de leurs réactions face à l'enseignement, le langage et la communication dans la classe spéciale, la recherche de progressions pour les disciplines académiques adaptées aux élèves handicapés mentaux modérés et sévères, l'élaboration du matériel éducatif et l'organisation de la classe. Notre objectif n'est pas de fournir une méthodologie de l'enseignement spécial pour les handicapés mentaux. Pareille entreprise n'est pas réalisable actuellement par manque de connaissances sur la manière dont les handicapés mentaux apprennent et se développent. Notre choix étant arbitraire, nous sommes conscient du fait que des aspects jugés importants par certains ne sont pas abordés. Nous n'avons pas la prétention de fournir aux enseignants des lignes directrices pour leur action et encore moins de proposer des recettes éducatives. Nous voulons simplement montrer que chacune des dimensions du processus éducatif peut être analysée par les enseignants et adaptée à leur classe et à leurs élèves.

1. L'ELEVE HANDICAPE MENTAL

Chaque individu réagit à une situation en fonction d'un registre particulier façonné par ses caractéristiques, son histoire comportementale et les propriétés du milieu dans lequel il évolue. Le mode de réactions d'un élève handicapé mental au processus éducatif dépend de sept grands groupes de variables. La figure 13 présente de manière schématique l'action de

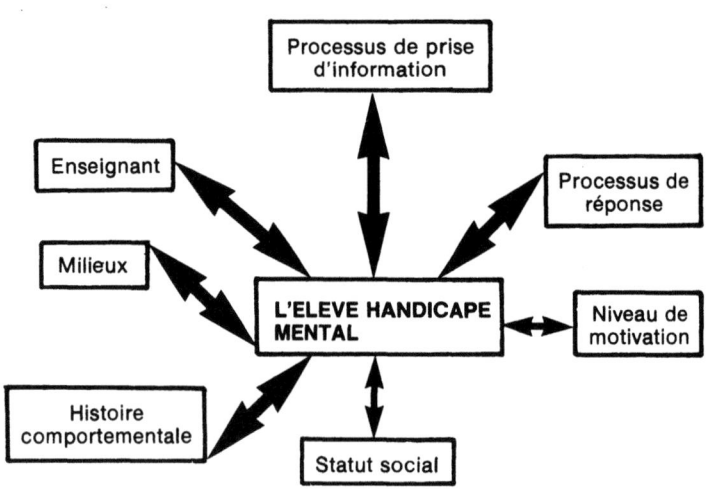

Figure 13. Les grandes variables du processus éducatif.

ces variables dans la construction de la personnalité de l'élève. La réalité est infiniment plus complexe. Toutes ces variables interagissent à des degrés divers. Pour chacune d'entre elles, il serait nécessaire d'élaborer un diagramme tel que celui de la figure 14 qui envisage l'interdépendance des processus de prise d'information avec l'ensemble des autres facteurs. Plusieurs ouvrages ne suffiraient pas à contenir une analyse systématique de chacune de ces variables. Nous nous limitons donc à établir la liste de leurs composantes essentielles, tout en insistant sur certains points précis que nous jugeons indispensables à aborder dans le contexte de l'enseignement spécial. Notre souhait est de présenter, au travers de cette simple énumération de facteurs, un schéma de références permettant de guider la réflexion des enseignants lorsqu'ils s'interrogent sur le devenir de leur mission éducative auprès de l'élève.

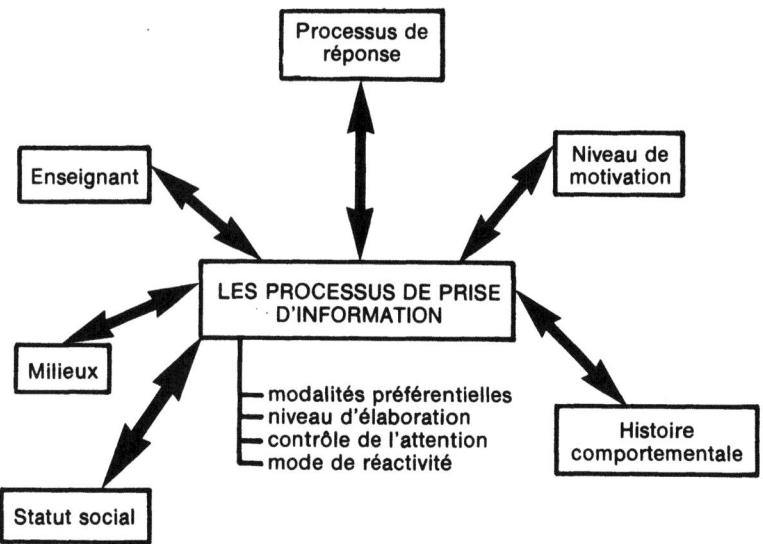

Figure 14. *L'interdépendance des variables.*

- **Les milieux**

- *Le milieu familial :*
  - structure,
  - niveau socio-économique,
  - place de l'élève dans la fratrie,
  - image de l'école,
  - niveaux d'aspiration parentaux,
  - degré de collaboration avec l'école.

- *Le milieu scolaire :* la classe et son organisation générale font l'objet d'une analyse détaillée ci-après.

- *Le milieu de jeu de l'enfant :* en dehors de l'école, le groupe des pairs et l'organisation des loisirs.

- **L'histoire comportementale de l'élève**

  - Données complètes sur le plan médical (neurologiques, maturation, handicaps sensoriels et moteurs associés).

  - Bilan psychopédagogique :
    - niveau cognitif,
    - développement linguistique,
    - acquis pédagogiques,
    - développement socio-affectif.
  - Histoire scolaire détaillée.

- **L'enseignant**

  - Caractéristiques générales des relations avec l'élève.
  - Niveau d'aspiration vis-à-vis de l'élève.
  - Auto-évaluation : compétences pédagogiques, qualité de l'organisation du milieu scolaire, connaissance de ses réactions socio-affectives.
  - Statut et rôle au sein de l'école. Relations avec les collègues.

- Processus de formation continue: domaines en cours et envisagés.

● **Le statut social de l'élève en classe**

- Perception de soi-même.
- Perception par les autres.
- Modalités d'insertion dans le groupe: préférences-rejets.
- Mode d'enseignement préféré (individuel, groupes restreints, etc.).

● **Les processus de prise d'information**

Il est indispensable pour l'enseignant de déterminer quelles sont les caractéristiques des mécanismes développés par l'élève afin de prendre connaissance des éléments de la réalité éducative. Quatre dimensions sont particulièrement importantes à envisager:

- *La (les) modalité(s) préférentielle(s)*. Il s'agit de l'identification des canaux de communication utilisés par l'élève pour percevoir et structurer l'information. Certains sujets apprennent mieux lorsque c'est le canal visuel qui est stimulé, d'autres préfèrent un matériel auditif ou tactile-kinesthésique. Les recherches dans ce domaine sont encore trop restreintes chez les handicapés mentaux. Des travaux récents comme ceux de Affolter et ses collaborateurs (1980) ouvrent des perspectives intéressantes dans la mesure où ils proposent des méthodes d'investigation utilisables par les enseignants, moyennant une formation adéquate.

- *Le contrôle de l'attention*. «Distraction» et «manque de concentration» sont deux termes généralement employés pour décrire le manque d'attention dont font preuve les élèves handicapés mentaux lorsqu'ils sont confrontés à une tâche. Les variables impliquées dans le processus complexe de l'attention sont nombreuses: les caractéristiques des stimuli, le rythme de présentation de l'information, la présence de stimulations extérieures, le degré de difficulté de la tâche et le système motivationnel en vigueur. Chez les handicapés mentaux, l'apprentissage des réponses d'attention doit faire partie intégrante de l'enseignement (Lambert, 1980).

- *Le niveau d'élaboration.* L'enseignant doit s'attacher à déterminer le niveau de complexité ou d'abstraction qui peut être utilisé avec succès chez l'élève lors de la prise d'information. Bien qu'il existe des modèles décrivant la hiérarchisation des processus humains, du sensoriel à l'abstrait, aucun d'entre eux n'a été analysé et utilisé adéquatement en termes d'évaluation et d'intervention pour le milieu scolaire spécial. L'observation et les méthodes évaluatives et prescriptives sont des outils indispensables pour contrôler les capacités de l'élève à manipuler les données concrètes et les concepts.

- *Le mode de réactivité.* La qualité de la prise d'information dépend également de caractéristiques individuelles désignées dans le langage courant sous les termes «réflexion» et «impulsivité». Ces propriétés peuvent être traduites en comportement observable. Certains élèves répondent immédiatement à une tâche, sans avoir pris le soin de disposer de tous les éléments d'information. D'autres au contraire attendent et ne réagissent que très lentement. L'enseignant doit décrire les modes de réactivité personnelle et en tenir compte dans la structuration des tâches éducatives.

● **Les processus de réponse**

Les réactions d'un élève au processus éducatif dépendent de la qualité des mécanismes de réponse dont il dispose. A ce niveau, l'enseignant doit prendre en considération la modalité préférentielle témoignée par l'élève dans son mode de réponse (motrice globale, gestuelle, verbale) et s'assurer que la présence éventuelle de handicaps associés n'interfère pas avec une réalisation correcte de la tâche.

● **Le niveau de motivation**

Comment faire pour motiver un élève à apprendre? Cette phrase, véritable leitmotiv de l'enseignement spécial, contient à la fois les espérances et les craintes des enseignants. D'une part, on envisage la découverte d'éléments de motivation comme la solution à toutes les difficultés des élèves et, en conséquence, à celles de leurs enseignants. D'autre part, il existe une tendance à attribuer l'échec à un manque de motivation: «Cet élève n'est pas motivé» ou «Je ne suis pas parvenu à créer la motivation chez cet enfant». Tout se passe comme si la motivation était une faculté, une disposition possédée par certaines personnes et non par d'autres. Nous sommes ici au cœur d'un débat classique en psychologie, à savoir l'attribution d'un statut explicatif à une entité que l'on suppose enfoncée quelque part dans les méandres du psychisme humain. Envisagée comme une force, véritable vecteur de conduites, la motivation est ce que l'on appelle un construct hypothétique, au même titre que l'intelligence et les pulsions. On confère à ce construct une existence autonome, on le considère comme la cause du développement. Dire qu'un individu est handicapé mental parce qu'il ne possède pas l'intelligence, ne constitue nullement une explication du comportement de cet individu. De même, prétendre qu'un sujet échoue à une tâche parce qu'il n'a pas développé un niveau de motivation suffisant, procède du même raisonnement circulaire. En psychologie, la recherche de constructs aboutit généralement à deux types de démarches: la précision du construct et la perte d'intérêt pour les conditions observables dans lesquelles évolue le sujet; le comportement n'est plus considéré que comme un épiphénomène, l'important étant la découverte des structures profondes du sujet.

Un des mérites, et non le moindre, de l'école behavioriste ou comportementaliste est d'avoir abordé la motivation sous l'angle d'une définition opérationnelle, à savoir l'étude des interactions entre le comportement, ses antécédents et ses conséquences. L'interdépendance entre ces trois éléments est désignée par le terme «contingence de renforcement». Nous avons développé ailleurs les implications théoriques et pratiques du courant behavioriste dans le domaine du handicap mental (Lambert, 1978; 1979 a). Notre but n'est pas de nous livrer à un exposé complet du parti que l'on peut retirer des applications du courant comportementaliste — mieux connu sous la dénomination «Modification du Comportement» — avec les sujets handicapés mentaux et encore moins d'actualiser le débat théorique qui consiste à se demander si la motivation peut être identifiée au renforcement. Nous souhaitons simplement présenter quelques éléments de discussion susceptibles d'aider à mieux préciser ce que l'on entend par «motiver un élève».

Si on accepte d'envisager l'évaluation comme une des composantes essentielles de l'enseignement et si on considère que les relations éducatives peuvent être traduites en termes comportementaux, il est certain que l'on réalise un grand pas dans l'approche des mécanismes de motivation. Tout comportement humain est régi par ses conséquences. Selon le principe de *renforcement positif,* la probabilité d'émission d'un comportement est accrue lorsque ce comportement est suivi de conséquences favorables. A l'opposé, tout comportement non renforcé ou produisant des conséquences défavorables a peu de chances de réapparaître ultérieurement. La motivation de l'élève handicapé mental passe d'abord par l'aménagement d'un milieu susceptible d'octroyer des conséquences positives aux comportements émis. Lorsque nous énonçons ce principe, somme toute très simple, nous nous voyons rétorquer que de tout temps récompenses et punitions ont fait partie de l'arsenal des méthodes éducatives, que ces sanctions sont généralement utilisées dans les classes spéciales et qu'apparemment leur efficacité n'est pas transcendante parce qu'il existe toujours des élèves pour lesquels «cela ne marche pas». Cette objection émise à l'égard du renforcement procède à la fois d'un malentendu et d'une méconnaissance des principes qui sous-tendent l'action du renforcement.

En premier lieu, il est nécessaire de différencier récompense et renforcement. Un renforcement positif est défini par ses effets sur le comportement. Si un événement suit une réponse et si la fréquence d'apparition de cette réponse augmente, l'événement est un renforcement positif. La récompense, par contre, est définie comme quelque chose que l'on donne ou que l'on reçoit en retour d'une réussite ou d'un service. La récompense n'accroît pas nécessairement la fréquence du comportement qu'elle suit. L'exemple suivant permet de différencier récompense et renforcement positif. Le fait pour l'enseignant de dire à certains élèves: «Non, ne fais pas cela» a très souvent un effet opposé aux résultats attendus. La fréquence des réponses jugées inappropriées par l'enseignant et sanctionnées par la désapprobation verbale ne se modifie pas ou s'accroît. L'intervention de l'enseignant joue dans ce cas le rôle de renforcement positif; la poursuite de l'émission de la réponse par l'élève étant probablement pour lui une occasion d'attirer l'attention. La formule verbale «Non, ne fais pas cela» n'est certainement pas considérée par l'enseignant comme une récompense. Or, elle peut jouer le rôle de renforcement positif.

En second lieu, l'objection habituelle formulée à l'égard du renforcement s'alimente à une ignorance des principes dictant son application. Pour être efficace, le renforcement doit être:
- délivré immédiatement après le comportement que l'on souhaite installer, encore appelé comportement-cible. Soulignons que ce principe est rarement respecté dans les classes spéciales. Soit le renforcement est oublié, soit il est octroyé après un délai suffisamment important pour que d'autres réponses aient eu le temps d'apparaître, lesquelles n'ont souvent aucune relation avec le comportement-cible;
- octroyé de manière systématique. Il ne suffit pas de renforcer une ou deux fois l'émission d'un comportement pour espérer voir celui-ci atteindre une fréquence d'apparition élevée;
- distribué selon une quantité adaptée à l'individu. En règle générale, la probabilité d'émission d'une réponse est directement liée à la quantité de renforcement octroyée. Cependant, ce principe doit être nuancé par l'effet de satiété: un renforcement délivré en quantités trop importantes peut perdre son effet sur le comportement. L'effet de satiété est évité par la diversification des types de renforcements.

De nombreuses observations effectuées au sein des classes spéciales nous indiquent combien ces principes fondamentaux sont rarement mis en application. Généralement, une partie des enseignants argumentent leur refus d'installer un système motivationnel basé sur le renforcement par des considérations politico-éthiques. Ils agitent le spectre de l'élève manipulé, robotisé, ne travaillant plus que pour du chocolat ou des jetons. Ils font appel à des notions de liberté individuelle qu'ils croient menacée par l'utilisation du renforcement. Nous conseillons à ces enseignants de faire l'effort de lire au moins quelques pages traitant de l'implantation des techniques de Modification du Comportement en milieu scolaire spécial. S'ils ne le souhaitent pas, et c'est leur droit le plus strict, nous leur demanderons alors de ne pas parler de ce qu'ils ne connaissent pas. Les véritables problèmes éthiques liés à l'utilisation de la Modification du Comportement dans le domaine du handicap mental se situent ailleurs et notamment au niveau d'une mauvaise application des principes (Lambert, 1979b).

Heureusement, d'autres enseignants réfléchissent plus intelligemment sur les principes de la Modification du Comportement. Leurs hésitations face à l'utilisation d'un système de renforcement procèdent de l'interrogation suivante: l'objectif fondamental de l'éducation chez les handicapés mentaux étant de libérer ces sujets des contraintes imposées par leur handicap, le fait de mettre en place des renforcements ne contribue-t-il pas à accroître leur dépendance vis-à-vis de l'environnement? Ces enseignements préconisent l'installation d'un système motivationnel intériorisé ou, en d'autres termes, de procédures d'autorenforcement. L'objection et la méthode suggérée pour y faire face méritent de retenir l'attention. Par définition, l'enfant handicapé mental développe un réseau d'interactions avec son environnement différentes de celles d'un enfant normal. C'est l'ensemble des relations qui se trouvent ainsi modifiées, tant au niveau de la prise de conscience des conditions de stimulation et du bagage comportemental, que sur le plan de la sensibilité aux événements renforçants. Les contraintes inhérentes au handicap contribuent à réduire les capacités d'adaptation de l'enfant à accroître son répertoire comportemental par l'aménagement de conditions d'apprentissage structurées. Dans cette optique, les principes du renforcement que nous venons d'énoncer se sont révélées très efficaces. Lorsque l'enfant dispose d'un équipement de réponses suffisamment élargi, le principe d'absence de délai dans l'octroi du renforcement doit faire place au principe de *renforcement intermittent*. Quand la fréquence d'apparition d'un comportement a atteint un niveau jugé acceptable par l'entourage de l'enfant, le délai entre l'émission de ce comportement et l'octroi du renforcement peut s'accroître sans entraîner une dégradation de la performance. C'est ce passage du renforcement immédiat au renforcement différé qui permet de réduire la dépendance du comportement à l'égard des contingences immédiates. Cette transition n'est cependant pas automatique, elle doit être planifiée. Le dernier stade de l'élaboration du renforcement différé est incontestablement l'autorenforcement, soit le sujet détermine lui-même les conditions selon lesquelles il est renforcé, soit la réalisation d'une action devient en elle-même une source de renforcement. Il est nécessaire toutefois de préciser que l'accession à ce niveau de contrôle exige des capacités cognitives développées — la représentation de la situation, la mémorisation à moyen et à long terme des contingences, l'élaboration de stratégies d'action et d'anticipation — et, en conséquence, une somme d'efforts éducatifs considérables avec les personnes handicapées mentales.

Motiver un élève à apprendre, c'est tout d'abord créer un environnement susceptible de favoriser au mieux les apprentissages. Un tel environnement n'est pas fourni ipso facto par la classe spéciale en elle-même, ni grâce à l'utilisation de méthodes pédagogiques particulières. L'élaboration d'un milieu adapté et le développement de ce que l'on appelle la motivation procèdent d'un ensemble de variables qu'il appartient à l'enseignant d'identifier et d'analyser. Etant donné que l'implantation d'un univers éducatif motivant dépend de facteurs individuels liés à la personnalité de l'enseignant et de chacun de ses élèves, il est inconcevable de dresser la liste complète des aménagements susceptibles de favoriser le développement de la motivation. Nous nous limiterons donc à soumettre à la réflexion des enseignants quelques remarques d'ordre général.

Comme toute autre personne, l'élève handicapé mental est plus sensible à certaines conditions de renforcement qu'à d'autres. Le simple fait d'observer ses préférences apporte des indications intéressantes sur les avantages et les limites des différents systèmes motivationnels pouvant être développés dans la classe spéciale.

L'élève handicapé mental traîne souvent derrière lui une histoire comportementale d'échecs et de frustrations, notamment au niveau d'une série de comportements exigés par le milieu scolaire. Toute nouvelle demande émanant de l'enseignant peut être perçue comme le signe avant-coureur d'un échec supplémentaire. L'élève s'emploie alors à ignorer les requêtes ou à éviter d'entreprendre une tâche qu'il estime au-dessus de ses capacités. Il se cantonne dans l'émission de comportements déjà acquis, parfois de manière répétitive et apparemment non fonctionnelle. Toute action éducative doit être subordonnée à une évaluation précise des capacités de l'élève. Toute démarche d'apprentissage doit alterner la consolidation d'acquis — c'est-à-dire de réussites — et la présentation progressive d'exigences nouvelles. En règle générale, tout succès sera mis en évidence de manière tangible. Cela ne signifie pas que les erreurs et les échecs doivent être absents de l'éducation. Ils jouent en effet un rôle important dans la structuration cognitive et affective de l'individu. Mais, à l'instar des réussites, leur introduction dans la démarche pédagogique demande à être contrôlée.

Le problème de la motivation se pose le plus fréquemment lors de la réalisation de tâches académiques. Pourquoi un enfant handicapé mental serait-il automatiquement motivé pour apprendre à lire ou à calculer? Contrairement à l'enfant normal, véritable autodidacte abordant l'école primaire avec un solide bagage de connaissances, l'enfant handicapé mental ne retire guère de bénéfices d'un apprentissage non structuré et présente notamment des difficultés dans l'acquisition des prérequis aux disciplines scolaires traditionnelles. Nous reviendrons ci-après sur la nécessité de rendre les apprentissages scolaires fonctionnels pour les élèves handicapés. Il est toutefois important de noter que ces élèves sont mis quotidiennement en présence de messages graphiques ou chiffrés, que ce soit par le truchement de la télévision, de la publicité, de la rue ou, pour les moins handicapés d'entre eux, de leurs magazines favoris. Pourquoi ne pas se servir de ces médias pour stimuler les apprentissages?

L'enseignant est très souvent mal informé des conditions de vie dans lesquelles évolue l'enfant au sein de sa famille. Cette information est cependant nécessaire, plus particulièrement pour les apprentissages de l'autonomie socciale. Un enseignant qui apprend une fois par jour à un élève handicapé mental à se servir seul d'une cuillère pour manger, verra ses efforts anéantis si les parents continuent à nourrir l'enfant à la maison. L'évolution présentée à la figure 15 illustre ce phénomène. Un enfant handicapé sévère, ayant appris à manger seul

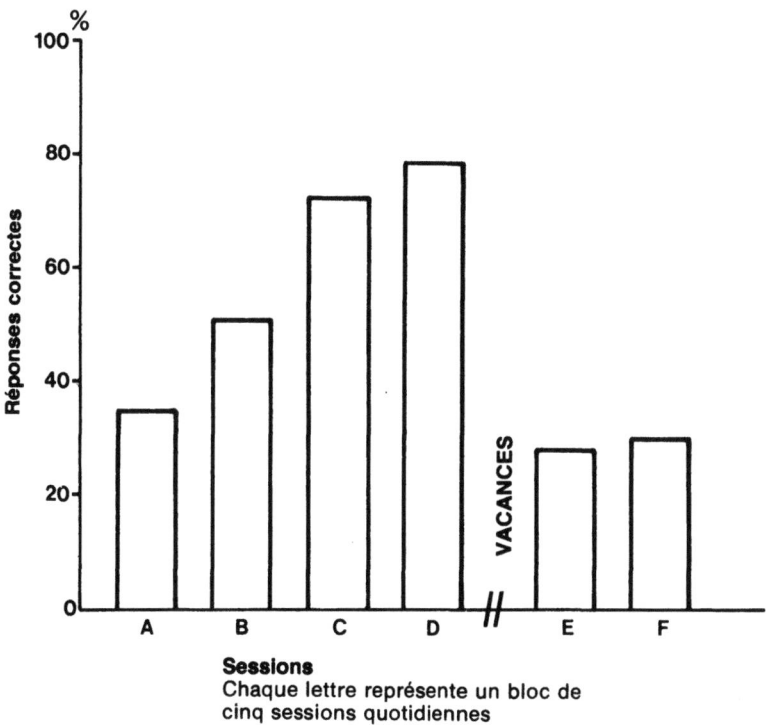

Figure 15. Evolution d'une conduite d'autonomie: manger seul (Lambert, 1974).

en classe, ne présente plus ce comportement au retour d'une période de vacances (Lambert, 1974).

Enfin, il peut être informatif pour un enseignant de procéder à une évaluation régulière des systèmes motivationnels qu'il utilise dans sa classe. Remarque-t-il toujours l'élève qui s'applique à la tâche? N'a-t-il pas tendance à n'intervenir que lors de l'apparition de comportements qu'il juge inacceptables? Evalue-t-il correctement les progrès? Dose-t-il adéquatement ses exigences? Autant de questions qui demandent à l'enseignant de disposer de sérieuses capacités d'auto-évaluation, capacités qu'il peut acquérir et développer grâce à l'appui d'une formation appropriée.

2. LANGAGE ET COMMUNICATION

Lorsque l'on consulte la littérature spécialisée, on est frappé par la pauvreté des travaux ayant abordé l'analyse de l'environnement linguistique éducatif. La réalité scolaire en tant que milieu linguistique a été négligée au profit de l'évaluation des bénéfices retirés par les sujets handicapés mentaux dans la fréquentation d'un enseignement spécial ou intégré. Contrairement à ce qui se passe chez l'enfant normal où l'étude des interactions en classe a pris un essor considérable au cours des quinze dernières années (voir Rondal, 1978a, pour une analyse de la littérature), on ne dispose que de données très parcellaires dans le domaine du handicap mental. Cette situation contraste avec la somme des recherches disponibles sur d'autres aspects du langage des sujets handicapés mentaux (Rondal et Lambert, 1981). Dans une perspective éducationnelle, les interactions entre enseignants et élèves ont cependant une importance prépondérante. Ces interactions constituent à la fois le véhicule de tous les enseignements et le moyen spécifique de développer chez les élèves handicapés la capacité de s'exprimer et de comprendre. Deux niveaux d'analyse caractérisent les rares études effectuées à ce jour. Le premier niveau est descriptif: on s'attache à identifier des catégories d'interactions verbales dans le processus éducatif. Le second est fonctionnel : il s'agit de déterminer comment s'organisent les interactions et d'évaluer leur valeur éducative dans le contexte de la communication.

A. L'évaluation du langage en classe

Avant même d'enregistrer les interactions verbales et non verbales survenant dans le cadre scolaire, il est nécessaire pour l'enseignant de disposer des moyens d'évaluation lui permettant de situer le niveau de développement linguistique de ses élèves. S'inspirant d'un travail de Kellett (1976), Lambert et Sohier (1978) ont mis au point un questionnaire destiné à fournir aux enseignants une première indication sur trois aspects du langage de leurs élèves : la compréhension, l'articulation et l'expression. La figure 16 reprend le questionnaire. Une administration de cette épreuve chez 126 élèves handicapés mentaux (A.C. = 4 à 14 ans; Q.I. = 30 à 75) a montré que les enseignants étaient non seulement capables de mener à bien l'évaluation au sein de leurs classes, mais de plus accueillaient favorablement cet instrument en tant que moyen d'observation de comportements quotidiens. Ce questionnaire doit être considéré comme la première étape de l'évaluation du langage en milieu spécial.

Nom de l'élève :   Age :
Date d'administration du questionnaire :
Diagnostic clinique si connu :
Décrire, si cela est connu :
- les troubles de l'audition;
- les troubles de la vision;
- les déficits physiques;
- les déficits au niveau des organes de la parole.
Il faut insister sur le niveau le plus élevé atteint par l'élève et donner des exemples de ses productions verbales. Cochez les cases correspondantes aux étapes acquises.

EXPRESSION VERBALE

- ☐ 1. L'enfant crie, pleure.
- ☐ 2. L'enfant vocalise (exemple: aaah, eeeh).
- ☐ 3. Babillage: mélange de voyelles et de consonnes (ga-ga, bé-bé).
- ☐ 4. Séquences de babillage avec intonations (mama, dadadi).
- ☐ 5. Imitation directe de séquences de sons avec intonation. Par exemple, dans une situation de jeu avec une auto, l'enfant imite, directement après l'enseignant, des sons tels que «rou, roum, roum».
- ☐ 6. Imitation de mots simples (bébé, papa, auto). Donner des exemples.
- ☐ 7. Imitation de phrases prononcées par l'enseignant (deux ou plusieurs mots). Donner des exemples.
- ☐ 8. Production spontanée de mots significatifs, incluant les mots construits par l'enfant (exemple: toto pour auto). Donner des exemples.
- ☐ 9. Emission de deux mots reliés entre eux par une fonction (exemples: encore manger, toto partie, pu boire, toto là). Donner des exemples.
- ☐10. Emission de trois mots (exemples: papa parti auto, marc manger lait). Donner des exemples.
- ☐11. L'enfant utilise un langage adéquat, même incorrect sur le plan grammatical. Donner des exemples.
- ☐12. Si le langage de l'enfant est d'un niveau supérieur à celui décrit en 11, écrire:
- ☐   (a) la phrase la plus longue produite récemment par l'enfant.
- ☐   (b) la question la plus longue posée récemment par l'enfant.

GESTES

- ☐ 1. L'enfant utilise uniquement des gestes pour communiquer.
- ☐ 2. L'enfant parle, mais préfère utiliser des gestes plutôt que des mots.
- ☐ 3. L'enfant utilise des gestes pour se faire comprendre, car son langage est inadéquat.
- ☐ 4. L'enfant utilise des gestes:
- ☐   (a) pour montrer ce qu'il veut (montrer du doigt),
- ☐   (b) afin de mimer un objet ou une situation.
- ☐ 5. L'enfant combine des gestes naturels avec un langage adéquat.

COMPREHENSION

- ☐ 1. L'enfant répond aux sons (bruit, voix humaine).
- ☐ 2. L'enfant répond à son nom.
- ☐   Proposer les tâches suivantes à l'enfant. Enregistrer celles qu'il réussit. Eviter d'aider l'enfant par des mimiques ou des gestes:
- ☐ 3. Montre-moi tes mains.

☐ 4. Assieds-toi.
☐ 5. Touche tes yeux.
☐ 6. Lève-toi et mets les mains derrière le dos.
☐ 7. Va vers la porte, mais ne l'ouvre pas.
☐ 8. Secoue ta tête, touche tes souliers et croise les bras.
☐ 9. Mets une main sur la table. Touche la chaise avec la main qui est sur la table.
☐10. Ouvre le livre, porte-le sur la table et reviens t'asseoir.

ARTICULATION

☐ 1. Aucune articulation.
☐ 2. Articulation inintelligible la plupart du temps.
☐ 3. Articulation en partie inintelligible. Décrire quand.
☐ 4. Aucun déficit.

Figure 16. Questionnaire pour l'évaluation du langage (Lambert et Sohier, 1978).

Nous conseillons aux enseignants d'approfondir l'évaluation individuelle en utilisant deux mesures supplémentaires:

1. *La Longueur Moyenne de Production Verbale, ou LMPV*

Le LMPV est un indice permettant de mesurer le développement syntaxique, tant chez le jeune enfant normal que chez les enfants handicapés mentaux. Chez les enfants normaux d'âge préscolaire, le LMPV est valable entre 1.00 et 4.00, ce qui correspond approximativement à des âges chronologiques de 1 à 3 ans. Les retards de langage présents chez les enfants handicapés modérés et sévères permettent cependant d'utiliser adéquatement le LMPV jusqu'à des âges chronologiques avancés (Rondal, 1978b; Lambert et Sohier, 1979). Le calcul du LMPV peut se baser sur *100 énoncés verbaux* recueillis dans le langage spontané des enfants. Nous recommandons l'enregistrement d'échantillons de langage verbal durant des conversations libres, soit lors de séances de logopédie, soit dans le contexte scolaire, lors d'activités à prédominance verbale. Par énoncé verbal, on entend toute production marquée par un début et une fin. Généralement, la fin d'un énoncé est annoncée par une modification de l'intonation. Pour obtenir le LMPV, on compte *le nombre de syllabes* présent dans l'échantillon de langage et on le divise par 100 (Lambert et Rondal, 1980). Par exemple, dans un échantillon de 100 énoncés verbaux produits par un enfant, on dénombre 385 syllabes. L'indice LMPV pour cet enfant sera égal à 3.85. Il s'agit d'une méthode fiable, aisément utilisable par les praticiens, moyennant un peu d'entraînement. Le LMPV devrait faire partie de tout bilan individuel scolaire réalisé chez les enfants handicapés mentaux.

2. *L'échelle d'évaluation du langage* (voir pages 106, 107)

Nous avons construit cette échelle à partir des résultats d'une enquête menée auprès d'enseignants et destinée à rencontrer leurs exigences dans un domaine que trop souvent ils considèrent, à tort, trop complexe à aborder (Lambert, 1979c).

Idéalement, ces trois instruments — le questionnaire, l'indice LMPV et l'échelle d'évaluation — devraient être administrés en début et en fin d'année scolaire, cela afin de fournir des indications sur l'évolution du développement linguistique des élèves et, en conséquence, sur les effets de l'intervention langagière.

B. Les études sur les interactions en classe spéciale

Conn et Richardson (1976) furent les premiers à analyser systématiquement les interactions verbales entre des enseignants et des élèves handicapés mentaux modérés et sévères (A.C. inférieur à 6 ans; Q.I. inférieur à 50). Cette étude, purement descriptive, met en évidence l'importance de la variabilité interindividuelle dans les interactions verbales. Un tiers des productions verbales des enseignants sont adressées à la classe en tant que groupe. Les autres productions se répartissent de manière inégale entre les élèves. C'est ainsi qu'un élève reçoit 35,8 % des verbalisations de l'enseignant, tandis qu'un autre ne « bénéficie » que 6,1 %. D'où provient cette variabilité ? Les auteurs n'expliquent pas ce phénomène. Or, il s'agit là d'un facteur crucial. De nombreuses variables sont en jeu, à la fois affectives, sociales, environnementales et linguistiques. Pourquoi un enseignant s'adresse-t-il préférentiellement à un élève ? Cette tendance est-elle constante ou bien fluctue-t-elle en fonction du contenu des interventions ? Quel est le rôle joué par le niveau de développement verbal de l'élève dans le déclenchement des verbalisations de l'enseignant ? Autant de questions dont l'importance n'échappera pas au praticien car, en dernière analyse, le langage reste le véhicule privilégié de l'enseignement, même au sein de classes spéciales accueillant des élèves handicapés mentaux modérés ou sévères. L'étude de Conn et Richardson comporte une lacune : elle n'envisage qu'une dimension des interactions verbales, de l'enseignant à l'élève. Ce caractère unidirectionnel des observations devrait êtra abandonné au profit d'une approche bidirectionnelle, les productions adressées par les élèves à l'enseignant étant tout aussi importantes à prendre en considération.

Conn et Richardson (1976) apportent à l'analyse du milieu scolaire une perspective qui ne manque pas d'intérêt pour l'interprétation des recherches ultérieures. Ils envisagent une approche des critères référentiels de la situation de communication vue sous l'angle des relations existant entre les divers éléments du contexte de l'enseignement spécial. Ils relient les catégories utilisées pour analyser le langage de l'enseignant à trois grands types d'activités effectuées quotidiennement dans le milieu scolaire :
- les activités dites associatives, dans lesquelles il n'y a pas de structuration définie des diverses composantes. Par exemple, au cours du jeu dans le bac à sable, de nombreux comportements peuvent être émis sans relation nécessaire entre eux ;
- les activités dites séquentielles, pour lesquelles il existe un ordre, une séquence à respecter. Pour se rendre dans un autre endroit de l'école, un élève doit nécessairement effectuer plusieurs actions les unes à la suite des autres ;

- les activités hiérarchisées, qui demandent un arrangement ordinal des diverses composantes de l'action. Par exemple, se laver les mains, apprendre une discrimination ou effectuer une opération arithmétique impliquent un enchaînement organisé de plusieurs composantes comportementales.

A partir de ce schéma, les auteurs formulent une hypothèse intéressante: il existe une relation inverse entre le type et le contenu des productions verbales en fonction des situations d'apprentissage scolaire. On peut s'attendre chez l'enseignant à la production d'un langage plus varié — en termes du nombre de productions verbales — mais moins élaboré — en termes de structures linguistiques utilisées — lors des activités associatives. Par contre, les activités hiérarchisées induisent un langage moins abondant mais plus élaboré sur le plan structural.

A partir d'une étude portant sur l'observation de 6 classes spéciales accueillant des élèves handicapés mentaux modérés, Beveridge (1976) a montré que les possibilités d'initiation de la communication s'accroissent en fonction de l'âge chronologique des enfants. C'est ainsi qu'à l'école maternelle spéciale, on enregistre seulement 3 interactions initiées par les enfants et cela, durant une heure d'observation. Par contre, chez les élèves handicapés mentaux âgés de 16 ans, le nombre des interactions est largement supérieur à 100 pour une durée d'observation identique. Pour expliquer ce manque d'initiative observé chez les jeunes enfants, Beveridge et ses collaborateurs (1978) ont analysé les types d'interactions enregistrés dans 14 classes spéciales d'enfants handicapés légers et sévères d'âges chronologiques différents. Les résultats montrent qu'il existe un point du développement des élèves à partir duquel les productions verbales deviennent la forme principale d'interactions en classe. Les enfants plus jeunes utilisent préférentiellement un mode d'interactions non verbal. Puis au fur et à mesure du développement linguistique, c'est le mode verbal qui prédomine. Fait intéressant, les épisodes interactifs non verbaux ne disparaissent pas du répertoire comportemental des élèves. Comme le montre la figure 17, ils se maintiennent approximativement à leurs fréquences antérieures. Les

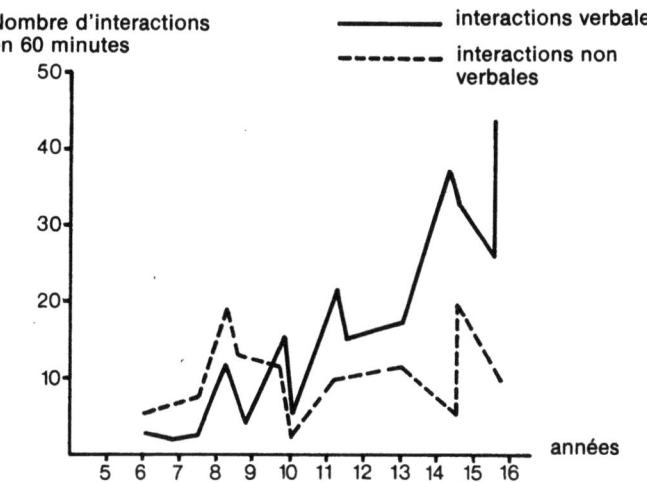

Figure 17. Evolution des interactions verbales et non verbales selon l'âge chronologique (d'après Beveridge et al, 1978).

enseignants doivent donc savoir que les enfants handicapés mentaux continuent à utiliser des indices non verbaux (gestes, postures, mimiques) en association avec leurs productions verbales, même après avoir acquis un répertoire verbal suffisant pour communiquer.

Cet accroissement de la fréquence d'utilisation du langage verbal avec l'augmentation en âge chronologique signifie-t-il que le langage produit par les élèves handicapés mentaux est adéquat? Bien que l'on manque de données pour résoudre cette importante question, une recherche de Beveridge et Berry (1977) tendrait à apporter une réponse négative. Ces auteurs ont montré que des élèves handicapés mentaux (A.C. = 6 à 12 ans; Q.I. inférieur à 50) produisaient deux fois plus d'informations non sollicitées par l'enseignant que de requêtes correctes. En d'autres termes, le langage produit par les élèves en situation de communication avec l'enseignant ne serait pas nécessairement fonctionnel. Il conviendrait évidemment de multiplier les observations afin de préciser si on se trouve en présence de données généralisables à tout l'enseignement spécial et, le cas échéant, d'intervenir pour remédier à cette situation.

A notre connaissance, le travail de Schittekatte (1978) est le premier à avoir comparé systématiquement deux classes, l'une spéciale, l'autre régulière, au point de vue des interactions entre l'enseignant et les élèves. Les niveaux de scolarité des deux classes sont équivalents : la classe spéciale accueille des enfants handicapés mentaux âgés en moyenne de 5 ans 9 mois et ayant un A.M. moyen égal à 3 ans 5 mois. La classe traditionnelle est fréquentée par des enfants normaux âgés en moyenne de 3 ans 8 mois. Les interactions verbales sont enregistrées dans chaque classe pendant 10 heures. Outre leur fréquence, l'analyse porte sur l'intonation des énoncés produits par les enseignants, le contenu des interventions, la syntaxe et les types d'énoncés. Voici les conclusions principales de l'étude :

- l'institutrice de la classe spéciale installe une communication plus individualisée : 78 % de ses interactions avec les élèves sont établies sur un mode individuel. Par contre, dans la classe régulière, 53 % de ces interactions sont individualisées ;
- l'enseignant de la classe régulière utilise un langage plus complexe avec ses élèves ; ses énoncés sont plus longs et plus élaborés. Ils contiennent plus d'adjectifs, de propositions coordonnées et subordonnées ;
- l'enseignant de la classe spéciale emploie plus d'énoncés impératifs (commandes, ordres). Son discours est plus centré sur le contrôle du comportement de ses élèves. Par contre, les propos de l'enseignant de la classe régulière sont dirigés préférentiellement vers les activités d'apprentissage ;
- si les deux enseignants posent des questions aux élèves, leurs modes de réactions à ces questions sont différents. L'institutrice de la classe régulière attend les réponses des élèves, tandis que l'institutrice de la classe spéciale fournit plus souvent elle-même les réponses à ses propres questions. Cette situation est-elle dépendante de variables particulières ressortissant à la personnalité des enseignants et des élèves ou bien est-elle causée par l'inadéquation des questions posées ? Des travaux doivent éclaircir ce point précis.

Cette recherche indique qu'à niveau de scolarité équivalent, les interactions verbales entre l'enseignant et ses élèves diffèrent sensiblement selon la classe spéciale ou régulière. Il est certain que de telles données doivent être reproduites afin de tester leur validité de généralisation. Si de telles différences devaient être retrouvées dans la majorité des études, il conviendrait de préciser leur impact sur les acquisitions scolaires et sur le développement communicatif et linguistique des enfants handicapés mentaux.

C. Les enfants normaux comme « enseignants »

Lorsque l'on parle de l'intégration des enfants handicapés mentaux légers dans le système scolaire régulier, il est nécessaire de s'interroger sur les conséquences de cette intégration quant au milieu linguistique dans lequel vont se retrouver les élèves. Ce sont les travaux de Guralnick et Brown (1977, 1980) qui apportent des éléments de réponse. Ces auteurs se sont efforcés d'évaluer l'intérêt éventuel de l'intégration en classe régulière pour le développement linguistique des élèves handicapés mentaux. Ils ont placé des enfants normaux (A.C. = 4 ans 3 mois; Q.I. moyen = 105) et des enfants handicapés mentaux légers (A.C. = 5 ans 2 mois; Q.I. moyen = 62), modérés (A.C. = 5 ans 6 mois; Q.I. moyen = 51) et sévères (A.C. = 5 ans 5 mois; Q.I. moyen = 30) en situation d'apprentissage. Un groupe de travail comprend 5 enfants : un enfant normal chargé « d'enseigner » les autres enfants, un second enfant normal et 3 enfants handicapés mentaux respectivement de niveau léger, modéré et sévère. L'enfant enseignant doit décrire un dessin à ses « élèves » et leur apprendre à le reproduire. L'analyse des interactions verbales effectuées durant les séances d'apprentissage montre que le langage des enfants « enseignants » varie considérablement selon qu'il est adressé à ses pairs normaux ou handicapés mentaux. Lorsqu'il parle à un autre enfant normal, l'enfant « enseignant » utilise un langage plus complexe, avec des énoncés plus longs. Lorsqu'il s'adresse aux enfants handicapés mentaux, le langage de l'enfant normal est plus simple. Le fait le plus intéressant est que les enfants normaux adaptent leur langage en fonction du niveau intellectuel de l'enfant handicapé auquel ils parlent. Plus leur auditeur est handicapé, plus les enseignants utilisent un langage peu élaboré, avec des mots simples et de nombreuses répétitions. Cette adéquation n'est pas uniquement formelle, c'est-à-dire qu'elle ne concerne pas seulement les caractéristiques des énoncés verbaux en termes de longueur de production ou de difficulté syntaxique. Elle est également fonctionnelle. Guralnick et Brown (1980) montrent en effet que les fonctions langagières produites par les enfants « enseignants » varient selon qu'elles s'adressent à leurs pairs normaux ou handicapés mentaux. Plus l'auditeur est handicapé, plus le langage qui lui est adressé contient des indications précises sur la tâche qu'il doit effectuer. Inversement, un degré moindre de handicap chez l'auditeur, ou un niveau intellectuel normal, appelle plus de requêtes (« Viens ici », « Fais comme cela ») et plus d'énoncés n'ayant pas de valeur interactive (l'enfant se parle à lui-même) de la part de l'enfant « enseignant ». De même, plus l'auditeur est handicapé, plus l'enfant normal produit des répétitions verbales.

Ces deux études semblent indiquer que les enfants normaux adaptent remarquablement bien leurs productions verbales en fonction du niveau de développement de leur auditeur. Cette adaptation communicative est à la fois formelle et fonctionnelle. Si de telles recherches pouvaient être reproduites sur une large échelle, elles fourniraient des données intéressantes quant aux implications de l'intégration scolaire. Tout semble indiquer en effet que l'environnement linguistique procuré par l'intégration de jeunes enfants normaux et handicapés mentaux est bien adapté aux niveaux de développement linguistique de ces enfants. Les enfants normaux utilisent un langage suffisamment complexe pour stimuler le développement de leurs pairs normaux et produisent en même temps des verbalisations qui restent dans les limites des capacités langagières des enfants handicapés mentaux. Ces données sont à rapprocher des travaux illustrant l'ajustement du langage maternel au niveau linguistique des enfants handicapés mentaux (Rondal, 1978b). Mais à nouveau, elles sont insuffisamment documentées pour prétendre à une validité universelle.

D. La communication entre sujets handicapés mentaux

Comment les enfants handicapés mentaux communiquent-ils entre eux ? Il n'existe à ce jour aucune recherche ayant abordé cette question dans le milieu scolaire spécialisé. Les seules études dont nous disposons sont de nature expérimentale. Elles utilisent une situation dite de « communication référentielle » dans laquelle un locuteur doit expliquer une tâche à un récepteur. Au terme d'une analyse des différentes recherches ayant utilisé ce modèle expérimental, Rondal et Lambert (1981) en soulignent les avantages et les limites. La méthode comporte indiscutablement des avantages : elle permet de contrôler diverses variables, comme le niveau verbal des sujets, le type de tâche proposée, la longueur et la complexité des messages produits. Toute personne qui s'intéresse au langage comprendra aisément l'intérêt qu'il y a à pouvoir contrôler un ensemble d'événements dans ce domaine complexe qu'est l'étude des situations de communication. Ce système contient cependant plusieurs limitations inhérentes à la situation expérimentale. Tout d'abord, elle requiert des sujets un niveau développemental suffisant pour permettre de rencontrer les exigences de la situation de communication. Ce niveau minimal de capacités amène à écarter de nombreux sujets handicapés mentaux qui ne se conforment pas à ces prérequis. Habituellement, les sujets sont des adolescents ou des jeunes adultes. Par exemple, dans une recherche récente, Rueda et Chan (1980) proposent des tâches de communication référentielle à des adolescents handicapés mentaux modérés âgés en moyenne de 16 ans. Aucune étude ne s'est adressée jusqu'ici à des enfants handicapés mentaux en âge de scolarité primaire. C'est dire la prudence avec laquelle il faut extrapoler les résultats des recherches aux enfants plus jeunes. La seconde limitation de la méthode expérimentale réside dans le peu d'intérêt fonctionnel des tâches proposées aux sujets. Rien, dès lors, ne justifie la généralisation a priori des résultats au fonctionnement communicatif des sujets handicapés mentaux dans leur milieu habituel de vie. Une recherche mérite cependant de retenir notre attention pour ses implications dans le milieu scolaire spécialisé.

Hoy et Mc Knight (1977) sont les seuls à avoir abordé la communication référentielle dans une perspective bidirectionnelle, du locuteur au récepteur et du récepteur au locuteur. Ces auteurs placent des enfants handicapés mentaux dans des situations où ils jouent alternativement les rôles de récepteur et de locuteur. Les sujets sont divisés en deux groupes : des enfants de niveau intellectuel relativement élevé (A.C. moyen = 15 ans 5 mois; A.M. moyen = 6 ans 6 mois) et des enfants de niveau intellectuel bas (A.C. moyen = 11 ans 2 mois; A.M. moyen = 3 ans 7 mois). Lorsque les locuteurs de niveau intellectuel élevé s'adressent à leurs pairs plus handicapés, ils adaptent remarquablement bien leur langage. Cette adaptation est formelle (énoncés moins longs et syntaxiquement peu élaborés) et fonctionnelle (utilisation de gestes pour remplacer ou aider la communication verbale). Lorsqu'ils communiquent avec des enfants ayant un niveau identique au leur, les locuteurs de niveau intellectuel bas procèdent de même. Par contre, mis en présence d'auditeurs de niveau intellectuel élevé, ces sujets présentent une réduction importante de leurs capacités de communication. Cet appauvrissement est structural (énoncés moins longs, peu élaborés) et fonctionnel (utilisation de geste plutôt que de mots). Ces données relativisent évidemment les résultats des travaux de Guralnick et Brown auxquels nous venons de faire allusion. En effet, ces derniers n'ont pris en considération qu'un aspect de la relation communicative, celui qui va du locuteur au récepteur. Ils ont ignoré le mouvement inverse, du récepteur au locuteur. S'il est vrai que les enfants normaux adaptent leur langage au niveau intellectuel de leurs interlocuteurs handicapés mentaux, on ne sait rien de la manière dont ceux-ci réagissent. Mis en présence d'enfants normaux, les enfants handicapés mentaux ont-ils un langage adapté ? Ou, au contraire, ce langage s'appauvrit-il comme semble le montrer l'étude de Hoy et Mc Knight ? Dans cette éventualité, il resterait à expliquer les raisons du manque d'adaptation linguistique des enfants les plus handicapés. Quoi qu'il en soit, le problème des bénéfices respectifs retirés par les enfants handicapés mentaux sur le plan du développement linguistique, en classe régulière ou spéciale, ne peut être résolu sans aborder la communication sous son aspect bidirectionnel.

Une fois de plus, force nous est de terminer l'étude d'un aspect de l'environnement scolaire spécialisé par un constat de carence. Actuellement, nous manquons de données sur la manière dont se structure et se développe la communication verbale et non verbale au sein de la classe spéciale. Avant même de donner des indications aux enseignants sur les procédures à appliquer afin de créer un milieu linguistique adapté, il est nécessaire d'analyser les composantes de ce milieu. Nous sommes persuadé que les enseignants peuvent être d'une aide appréciable à ce niveau, à condition qu'ils commencent à évaluer leurs élèves et à observer les différents aspects des réseaux de communication installés au sein de leurs classes.

3. LIRE, ECRIRE ET CALCULER

S'il est généralement admis que tous les élèves handicapés mentaux légers peuvent bénéficier de l'enseignement des disciplines scolaires de base, moyennant l'utilisation de méthodes adaptées à leurs niveaux, le problème de l'insertion de ces matières dans les programmes éducatifs destinés aux élèves handicapés mentaux modérés et sévères est loin d'être résolu à l'heure actuelle. Deux questions doivent être posées: Ces élèves sont-ils capables d'apprendre à lire, à écrire et à calculer? A quoi peuvent leur servir de telles acquisitions? Au terme d'une revue exhaustive de la littérature consacrée à ce sujet, Hirshoren et Burton (1979) dénombrent une vingtaine de travaux expérimentaux démontrant que les rudiments des trois disciplines scolaires traditionnelles peuvent être inculqués à des enfants dont les quotients intellectuels varient entre 30 et 50. Ces faits sont d'ailleurs vérifiés quotidiennement dans la pratique de nombreux enseignants. Nul n'oserait prétendre aujourd'hui que l'enseignement des branches dites académiques est chose irréalisable dans les classes spéciales pour les élèves handicapés modérés et sévères. Cependant, la seconde question est tout aussi importante que la première. On est en droit de s'interroger sur la validité fonctionnelle de ces apprentissages. Les performances d'un élève dépendent en effet d'interactions complexes entre la qualité des techniques éducatives utilisées et son niveau de motivation. Comme nous venons de l'écrire, une des composantes du niveau motivationnel réside précisément dans le parti que l'élève peut retirer de ses efforts en vue d'un meilleur contrôle sur l'environnement. La mise en place seule de procédures d'apprentissage sophistiquées n'a que très peu d'effets sur les performances académiques des élèves handicapés mentaux (Breuning et Regan, 1978). La justification d'enseigner des branches académiques ne peut être basée uniquement sur le fait que les élèves handicapés mentaux sont capables d'apprendre à lire ou à calculer. Les auteurs s'accordent sur le fait qu'une telle démarche exige un temps considérable et des efforts quasi démesurés, tant chez les enseignants que chez leurs élèves (Hirshoren et Burton, 1979). Le prix à payer à l'apprentissage doit être évalué en fonction des bénéfices que l'élève en retirera non seulement dans le milieu scolaire, mais surtout à l'extérieur de celui-ci, lorsque adolescent, puis adulte, il s'efforcera de trouver une insertion sociale optimale. Selon nous, *cette perspective fonctionnelle* à moyen et à long terme n'est pas suffisamment abordée lorsque l'on envisage d'enseigner aux élèves handicapés mentaux modérés et sévères les bases de la lecture, de l'écriture et du calcul. Avant d'examiner les travaux que nous avons menés dans le cadre de l'apprentissage du calcul et de la lecture dans les classes spéciales — le domaine de l'écriture est encore totalement inexploré chez les enfants handicapés mentaux modérés et sévères —, nous souhaitons proposer certaines dimensions d'un enseignement fonctionnel des branches académiques.

A. Pourquoi apprendre?

Imaginons le statut futur d'un adulte handicapé mental dans nos sociétés. D'une manière générale, cet adulte aura la possibilité de participer à la « civilisation des loisirs ». Il devra posséder les capacités nécessaires pour effectuer un travail, le plus souvent dans un univers protégé. Si cette éventualité ne se réalise pas, il fréquentera un centre de jour ou une structure analogue, au milieu d'autres adultes handicapés mentaux. Dans une certaine mesure, il sera un consommateur de produits. Enfin, il devra effectuer des déplacements et ne pourra pas toujours bénéficier de l'assistance d'une personne non handicapée. Avec le sens pragmatique qui les caractérise, des chercheurs américains ont dressé la liste complète des exigences devant être rencontrées par une pédagogie fonctionnelle des disciplines académiques dans l'enseignement spécial (voir par exemple, Bender et al., 1976). Il nous est apparu intéressant de procéder de même en fonction des besoins actuels de l'éducation spécialisée pour les élèves handicapés mentaux modérés et sévères, encore appelés «éducables sur le plan pratique». Précisons au préalable que l'enseignement séparé de chacune des trois disciplines n'a aucun sens dans une optique pratique. Comme le lecteur s'en apercevra, des acquisitions dans un domaine dépendent d'apprentissages réalisés dans les autres, la construction d'un programme éducatif demande l'analyse des interactions entre les disciplines enseignées.

Apprendre à lire pour:

1. Identifier les données personnelles telles que le nom et l'adresse.
2. Répondre de manière appropriée aux informations écrites sur un ensemble d'appareils utilisés dans la vie quotidienne: la panoplie des ustensiles électroménagers, certains dispositifs de commande (ascenseur, etc.), ainsi que l'appareillage électrique audio-visuel (radio, TV, etc.).
3. Répondre de manière appropriée aux symboles suivants: nom des rues habituellement fréquentées, la destination des transports publics, les signaux routiers, l'entrée et la sortie des lieux publics, la direction et l'identification des toilettes, les consignes de sécurité imprimées sur les produits usuels, les informations relatives aux dimensions des vêtements à acheter, l'identification des produits de consommation, les noms des magasins, les indications sur la manière de préparer des repas simples, etc.

4. Se servir des informations écrites suivantes: le calendrier, un plan indiquant un déplacement à effectuer, une carte d'orientation pour les transports publics, un menu de restaurant, etc.
5. Utiliser des appareils distributeurs de marchandises, suivre les instructions contenues sur les emballages de divers ustensiles, être capable de comprendre l'assemblage d'un objet ou d'un jeu.
6. Comprendre des messages importants: consignes écrites relatives au travail à effectuer, rendez-vous divers, horaires de travail, répartition des tâches, etc.
7. Etre capable de déchiffrer la correspondance personnelle.
8. Eventuellement se servir de la lecture pour meubler les loisirs.

Il serait fastidieux d'établir une liste exhaustive de l'ensemble des symboles écrits présents dans nos sociétés. L'imagination des enseignants leur permettra d'aménager l'environnement scolaire afin de permettre aux élèves de se retrouver constamment en présence des symboles utilisés dans la vie quotidienne. Il ne faut pas perdre de vue que tout apprentissage doit également donner aux élèves les possibilités d'identifier leurs déficits et de les combler. Dans le cas présent, les sujets handicapés mentaux devraient pouvoir arriver à un niveau de lecture tel qu'il leur permette de signaler ce qu'ils ne peuvent comprendre et de rechercher l'aide d'une personne plus compétente.

Apprendre à écrire pour:

1. Communiquer à d'autres personnes les informations suivantes: le nom, la signature, le lieu de résidence, l'adresse de l'école ou du centre de jour, le numéro de téléphone, l'âge, la date de naissance, le jour et le mois.
2. Remplir des feuilles d'identification contenant des données personnelles.
3. Communiquer des messages simples: rendez-vous, motif d'une absence momentanée, emploi du temps, remerciements, etc.

Les apprentissages de la lecture et de l'écriture vont de pair. Très souvent, les élèves handicapés mentaux présentent des difficultés motrices qui interfèrent avec la production d'un graphisme intelligible. L'apprentissage de l'écriture ne doit pas attendre la maîtrise de la lecture. Toute une éducation gestuelle préliminaire doit être envisagée dès le moment où l'élève marque de l'intérêt pour sa propre activité graphique. Le dessin et la peinture constituent des aides de choix pour le développement de l'écriture.

Apprendre à calculer pour:

1. Identifier les données numériques contenues sur une variété d'objets usuels: radio, télévision, tourne-disques, appareils de chauffage, moyens de transport, marchandises, etc.
2. Identifier et comprendre des données personnelles: date de naissance, numéros de téléphone habituels, numéros des habitations.
3. Manipuler l'argent, connaître la valeur des objets et planifier des achats.
4. Accroître son indépendance dans une série de situations pratiques: notions de mesures et de fractions pour la préparation de repas simples, pour le choix de vêtements, l'utilisation des instruments de mesure (balance, thermomètre, thermostat) et la sélection d'objets à partir de catalogues.
5. Connaître et estimer la durée: toutes les notions temporelles, l'appréciation du temps écoulé, la programmation du temps futur.
6. Prendre plaisir à toutes les activités de loisirs: l'évolution du score dans un sport, dans un jeu, etc.

Pourquoi apprendre à lire, à écrire et à calculer aux élèves handicapés mentaux modérés et sévères? Nous pensons avoir cité 17 bonnes raisons de le faire. Tous les élèves n'arriveront pas au même degré de maîtrise des comportements. De plus, la totalité des apprentissages ne peut manifestement pas prendre place pendant la durée de la scolarité primaire; nous ne prétendons nullement inviter les enseignants à atteindre tous ces objectifs pendant un laps de temps aussi restreint. L'éducation doit se poursuivre bien au-delà de 13 ou 14 ans. Néanmoins, c'est durant les années primaires que l'élève handicapé mental doit être familiarisé aux disciplines académiques et construire les prérequis indispensables pour l'utilisation fonctionnelle de ses acquisitions.

B. Quelques éléments d'apprentissage du calcul

L'acquisition du comptage, de la numération et des associations de grandeurs constituent certains prérequis à une grande variété de tâches arithmétiques. Les recherches portant sur le développement de ces capacités restent rares, principalement dans le domaine du handicap mental. Spradlin et al. (1974) ont étudié la hiérarchisation de tâches pré-arithmétiques chez 49 enfants handicapés mentaux âgés de 8 ans 8 mois à 15 ans 1 mois et présentant un quotient intellectuel moyen égal à 35. Ce travail porte sur les chiffres et les nombres de 1 à 5. Les résultats montrent que la séquence de difficulté dans l'utilisation des chiffres est identique chez les enfants handicapés mentaux et normaux: la mise en correspondance perceptive des chiffres précède la sélection des chiffres à partir d'un support verbal. La lecture des chiffres est la tâche la plus complexe. Par contre, il existe une différence importante entre les deux populations. Elle concerne l'ordre d'acquisition du comptage et des chiffres. Chez les enfants normaux, le comptage est acquis avant la connaissance des chiffres (Wang et al., 1971). La majorité des enfants handicapés mentaux réussissent bien des tâches requérant l'utilisation des chiffres, mais échouent dans les exercices de comptage. Pour Spradlin et al. (1974), l'explication de cette différence réside dans le type d'acquis préscolaires des sujets. Les jeunes enfants normaux entrent généralement en première année primaire en ayant appris les débuts du comptage; l'acquisition de la connaissance des chiffres s'insère dès lors dans ce répertoire. Par contre, la plupart des enfants handicapés mentaux ne possèdent aucun comptage structuré à l'entrée de la scolarité spéciale. Il est possible que l'école spéciale considère le comptage comme acquis, ou s'en désintéresse, et centre l'apprentissage sur la reconnaissance et la dénomination des chiffres. Etant donné que la reconnaissance et la lecture des chiffres sont des exercices de discrimination, les enfants handicapés mentaux apprennent vraisemblablement à utiliser les chiffres sans les relier aux opérations de comptage. Contrairement à ce que l'on pense généralement, le comptage exige la maîtrise de comportements différenciés et son acquisition n'est pas automatique chez les sujets handicapés mentaux. En fait, le terme «compter» se réfère à trois niveaux d'activités. Le niveau le plus simple est le comptage «par cœur», consistant en l'acquisition d'une simple chaîne verbale indépendante de toute manipulation concrète. Cette activité peut cependant se subdiviser en deux tâches de complexité très différente. Si l'on demande à un enfant de compter jusqu'à un chiffre donné, il s'agit là d'un exercice plus difficile que le simple fait de compter sans limite aucune. En effet, l'enfant doit retenir le chiffre fixé et inhiber sa production de la chaîne verbale au moment où il prononce ce chiffre. Bon nombre de jeunes enfants sont incapables de stopper leur activité et comptent aussi loin qu'ils peuvent le faire. Le second niveau de difficulté dans l'activité de comptage consiste à dénombrer les éléments d'un ensemble. Dans cette tâche, l'enfant doit produire la séquence verbale tout en montrant simultanément un objet et un seul. La disposition spatiale des objets peut influencer la performance: certains enfants réussissent le comptage lorsque les objets sont disposés horizontalement, mais émettent des erreurs lorsque les objets sont dispersés. L'activité de comptage la plus complexe consiste à dénombrer un sous-ensemble d'un ensemble plus vaste. L'enfant doit à la fois tenir compte du chiffre désignant la dimension du sous-ensemble, puis compter et sélectionner les objets un à un.

Lambert et Defays (1977) ont entrepris d'étudier la séquence d'apparition de l'utilisation des chiffres et du comptage chez 108 enfants handicapés mentaux modérés et sévères fréquentant des classes d'enseignement spécial. Les âges chronologiques sont situés entre 5 ans 2 mois et 14 ans 1 mois; l'âge chronologique moyen est égal à 9 ans 9 mois. Les Q.I. calculés à l'aide de l'échelle de Terman sont situés entre 39 et 57; le Q.I. moyen étant égal à 45. L'étude vise à préciser la hiérarchisation de différentes tâches pré-arithmétiques incluant les chiffres et les nombres de 1 à 10.

Vingt tâches administrées individuellement sont construites pour tester les classes comportementales suivantes : le comptage d'objets, l'utilisation des chiffres et les associations entre les chiffres et les nombres. Ces tâches se répartissent comme suit :

- *Comptage automatique :* le sujet doit compter jusqu'à un nombre fixé. Cette tâche comprend 5 items.

- *Comptage d'objets (ensembles) :* quatre tâches évaluent les capacités de comptage d'un ensemble. Les objets sont soit mobiles, soit fixes et disposés horizontalement, soit sans structure spatiale précise.

- *Comptage d'objets (sous-ensembles) :* deux tâches demandent aux sujets de dénombrer un sous-ensemble à partir d'un ensemble d'éléments plus important.

- *Utilisation des chiffres :* la réussite de trois tâches exige les réponses suivantes : nommer un chiffre écrit, montrer parmi quatre chiffres celui prononcé par l'adulte et sélectionner parmi cinq chiffres celui qui correspond à un nombre dessiné (• , •• , ••• , •••• , etc.).

- *Associations chiffres-nombres :* sept tâches sont destinées à évaluer la mise en correspondance de chiffres et de nombres. Le matériel consiste en gommettes colorées disposées sur des cartons. Pour chaque item, le stimulus modèle est présenté dans la partie supérieure du champ visuel du sujet, tandis que les stimuli de comparaison sont disposés dans la partie inférieure, soit en lignes horizontales, soit mélangés.

- *Tâches non arithmétiques :* en début d'expérience, trois tâches sont destinées à tester les comportements d'attention des sujets : montrer un objet, montrer une image et mettre ensemble deux images identiques. Tout échec à ces tâches indique l'absence des comportements d'attention nécessaires pour poursuivre l'administration des autres épreuves.

La figure 18 indique la hiérarchisation des 20 tâches par ordre de difficulté croissante. Une analyse statistique approfondie a permis non seulement de confirmer l'ordre de réussite des tâches au sein de la population étudiée, mais également d'établir des séparations nettes entre les différents groupes d'activités.

---

1. Montrer un objet.
2. Mettre ensemble des images.
3. Montrer une image.
4. Mettre ensemble des chiffres dessinés.
5. Sélectionner deux stimuli de même grandeur. Disposition horizontale.
6. Compter des objets en désordre.
7. Montrer un chiffre présenté verbalement.
8. Nommer un chiffre.
9. Compter des objets. Disposition verticale.
10. Compter des objets fixes. Disposition mélangée.
11. Compter des objets fixes. Disposition horizontale.
12. Comptage automatique jusqu'à un nombre fixé par l'enseignant.
13. Sélectionner un chiffre donnant la dimension de l'échantillon. Disposition horizontale.
14. Compter un nombre plus petit que le nombre présenté. Disposition horizontale.
15. Compter un nombre plus petit que le nombre présenté. Disposition mélangée.
16. Sélectionner le même nombre d'éléments que le chiffre écrit. Disposition mélangée.
17. Sélectionner un échantillon égal au chiffre présenté verbalement. Disposition horizontale.
18. Sélectionner un échantillon égal au chiffre présenté par écrit. Disposition horizontale.
19. Sélectionner un chiffre donnant la dimension de l'échantillon. Disposition mélangée.
20. Sélectionner deux échantillons de la même grandeur. Disposition mélangée.

Figure 18. Ordre croissant de difficulté des tâches (Lambert et Defays, 1977).

Les activités pré-arithmétiques se répartissent comme suit:

- *Tâches 1, 2, 3, 4 et 5.* Il s'agit d'activités purement perceptives n'exigeant pas le recours à la connaissance des chiffres et des nombres. Ces activités sont toutefois importantes à prendre en considération dans la mesure où elles constituent des prérequis discriminatifs et mettent en jeu des conduites d'attention.

- *Tâches 4, 7 et 8*. Elles font appel à l'utilisation des chiffres et précèdent les :

- *Tâches 9, 10, 11 et 12*, c'est-à-dire les exercices de comptage. De plus, les tâches de comptage se hiérarchisent de manière nette :
- les tâches les plus simples consistent en l'énumération d'un ensemble (tâches 6, 9, 10 et 11),
- l'échelon de difficulté suivant est constitué par le comptage automatique (tâche 12),
- le comptage d'un sous-ensemble (tâches 14 et 15) représente le niveau de complexité le plus élevé.

Si l'on compare nos résultats à ceux enregistrés dans une population d'enfants normaux âgés de 4 ans 6 mois à 6 ans (Wang et al., 1971), trois données importantes se dégagent :
1. L'ordre de difficulté dans l'utilisation des chiffres est identique chez les enfants handicapés mentaux et normaux. La mise en correspondance perceptive de chiffres précède la désignation. La dénomination d'un chiffre est la tâche la plus difficile.
2. Chez les enfants handicapés mentaux, l'utilisation des chiffres précède la maîtrise du comptage. Il s'agit d'une séquence d'acquisition inversée par rapport aux enfants normaux. Tout se passe comme si l'enseignement spécial n'accordait guère d'importance aux exercices de comptage. Il faut signaler que l'utilisation des chiffres et le comptage sont des capacités distinctes, chez les sujets handicapés mentaux tout comme chez les normaux. Ces capacités peuvent se développer indépendamment l'une de l'autre. Aucune ne peut être considérée comme le prérequis de l'autre. Par contre, toutes deux sont nécessaires pour l'acquisition de la mise en relation entre les nombres et les chiffres.
3. Les exercices de comptage se hiérarchisent différemment chez les élèves handicapés mentaux. Nous observons que le comptage d'un ensemble précède le comptage automatique. Celui-ci se révèle une tâche difficile à maîtriser; dans la séquence de complexité, il n'est dépassé que par les tâ-

ches requérant le comptage d'un sous-ensemble. Chez les enfants normaux par contre, le comptage automatique est l'exercice le plus simple (Wang et al., 1971).

Nous illustrons ici la discussion amorcée au chapitre 4 relative à l'adéquation des références normatives pour la définition des objectifs. La séquence d'acquisition des activités préarithmétiques utilisées pour l'enseignement des enfants normaux ne convient pas nécessairement aux élèves handicapés mentaux modérés et sévères. La construction d'un contenu pédagogique doit procéder d'un vaste mouvement de recherches destinées à préciser le type de hiérarchisation des prérequis aux activités scolaires.

Nous nous sommes basés sur les résultats de cette recherche pour créer une méthodologie de l'arithmétique destinée aux classes spéciales accueillant des enfants handicapés mentaux modérés et sévères âgés de 5 à 14 ans (Lambert et Letesson, 1979; Letesson et Lambert, 1979). Il s'agit d'un programme expérimental comprenant 14 modules, dont 11 hiérarchisés et 3 relatifs aux activités de comptage, celles-ci étant intégrées à différents point du programme. La figure 19 présente les étapes de l'apprentissage.

    I. L'IMITATION
   II. L'UTILISATION FONCTIONNELLE DES OBJETS
  III. LES DISCRIMINATIONS
  IV. LA CORRESPONDANCE TERME A TERME
   V. L'EQUIVALENCE
  VI. LA SERIATION
 VII. PLUS QUE ET MOINS QUE
VIII. LE CLASSEMENT DES NOMBRES
  IX. LES CHIFFRES ET LES NOMBRES
   X. LES NOMBRES
  XI. L'ADDITION

Les activités de comptage se situent aux niveaux suivants:
 I à III: LE COMPTAGE AUTOMATIQUE
IV à VI: LE COMPTAGE D'UN ENSEMBLE
     VII: LE COMPTAGE D'UN SOUS-ENSEMBLE

Figure 19. Etapes de l'apprentissage du calcul (Lambert et Letesson, 1979).

Chaque module comprend un ensemble d'exercices hiérarchisés en fonction des acquis et des difficultés présentés par des élèves handicapés mentaux modérés et sévères. Ce programme est le résultat d'une mise en commun de données issues de deux domaines : la recherche appliquée dans les classes spéciales et les processus d'acquisition des nombres décrits chez les enfants normaux, et en particulier les résultats des travaux de Piaget.

C. A propos des prérequis à la lecture

Il n'existe pas à notre connaissance de données empiriques permettant d'établir s'il existe une identité entre l'organisation des prérequis à la lecture telle qu'elle est décrite chez l'enfant normal et l'organisation chez l'enfant handicapé mental. A partir d'une liste de certains prérequis tels qu'ils sont présentés à la figure 20, Fayasse (1981) a mis au point un ensemble

---

1. Balayage visuel
A. Prendre des objets de gauche à droite
B. Suivre une ligne du doigt de gauche à droite
C. Nommer des images de gauche à droite
D. Passage à la ligne
E. Dénomination d'images de gauche à droite avec passage à la ligne

2. Schéma corporel
A. Identification gauche-droite sur soi-même par imitation.
B. Identification gauche-droite sur soi-même par désignation
C. Identification gauche-droite sur soi-même par dénomination

3. Discrimination auditive
A. Discrimination entre deux bruits différents
B. Discrimination entre sons différents sur le même instrument de musique
C. Discrimination de deux mots différents par un son
D. Discrimination de deux mots différents par un phonème

4. Discrimination visuelle
A. Discrimination de couleurs : imitation (mise en correspondance), désignation
B. Discrimination de formes : imitation, désignation, dénomination
C. Discrimination de détails dans des images

5. Organisation temporelle
A. Reproduction de deux actions dans un ordre déterminé
B. Reproduction de trois actions dans un ordre déterminé
C. Reproduction par imitation verbale d'une suite de deux mots

D. Imitation verbale de trois mots en chaîne
E. Différenciation de deux rythmes
F. Reproduction d'une structure rythmique à deux éléments
G. Production d'une structure rythmique à deux éléments
H. Reproduction d'une structure rythmique à trois éléments
I. Production d'une structure rythmique à trois éléments
J. Classement de deux images dans un ordre temporel
K. Classement de trois images dans un ordre temporel
L. Identification de la relation avant et après sur une image
M. Répétition d'une suite de deux mots
N. Répétition d'une suite de trois mots
O. Prévision de l'ordre de mots

6. Organisation spatiale
A. Mise en correspondance d'images faisant intervenir les coordonnées spatiales de base (haut-bas, gauche-droite, au-dessus — en dessous)
B. Désignation des coordonnées spatiales de base sur des images
C. Dénomination des coordonnées spatiales de base sur des images

7. Mémorisation
A. Reproduction différée d'un geste réalisé par un modèle
B. Jeu de kim
C. Reproduction d'une suite de trois couleurs
D. Reproduction d'un arrangement séquentiel de trois images
E. Reconnaissance d'objets et d'images

8. Classification et sériation
A. Trouver l'intrus
B. Sériation selon la grandeur

Figure 20. *Quelques prérequis à la lecture.*

d'épreuves destinées à évaluer les capacités de 23 enfants handicapés mentaux modérés et sévères âgés de 5 ans 10 mois à 14 ans 4 mois et fréquentant des classes d'enseignement spécial. Cette expérience est réalisée dans le cadre d'un projet pédagogique patronné en région wallonne par l'Association des Parents d'Enfants Mongoliens de Verviers.

Les huit grandes catégories comportementales retenues se hiérarchisent comme suit, de la plus simple à la plus complexe: discrimination auditive, organisation spatiale, mémorisation, balayage visuel, organisation temporelle, discrimination visuelle, classification et sériation, schéma corporel. Contrairement à nos prévisions, ce n'est pas l'organisation spatio-temporelle et la mémorisation qui posent problème aux enfants, mais bien des épreuves finalement non spécifiques faisant intervenir les capacités de raisonnement et le schéma corporel. L'analyse séparée de chaque épreuve à l'intérieur des catégories comportementales permet de dresser un tableau plus précis des difficultés rencontrées chez les élèves évalués.

D'une manière générale, les comportements suivants se révèlent particulièrement déficitaires au sein de la population étudiée :
- balayage visuel : le passage à la ligne,
- schéma corporel : l'ensemble des épreuves,
- discrimination visuelle : la dénomination des formes et la différenciation entre deux images,
- organisation temporelle : la production de deux rythmes, la reproduction d'une séquence rythmique à trois éléments et le classement de trois images selon une séquence temporelle déterminée,
- organisation spatiale : la dénomination « gauche-droite »,
- mémorisation : la reproduction différée d'une suite de trois éléments,
- l'ensemble de la classification et de la sériation.

Nous fournissons ces résultats à titre indicatif, la dimension de l'échantillon ne permettant aucune généralisation à l'ensemble de la population des élèves handicapés mentaux modérés et sévères. Il est toutefois symptomatique de constater que les enfants évalués présentent des difficultés dans des domaines comportementaux faisant appel à des acquisitions dépassant le cadre des prérequis à la lecture. S'il est certain que le passage à la ligne dans le balayage visuel ou la production de séquences temporelles à trois éléments sont des apprentissages directement liés à l'acquisition de la lecture, on constate avec surprise que les bases de la discrimination visuelle et du schéma corporel n'ont pas été intégrées. S'agit-il d'une observation limitée à la population concernée par l'étude ou bien d'une caractéristique générale des lacunes rencontrées dans l'éducation spécialisée des enfants handicapés modérés et sévères ? Notre expérience nous pousserait à envisager sérieusement la seconde solution. Notre recherche sur les prérequis à certaines tâches pré-arithmétiques a fourni des informations allant dans le même sens. Nous avons été obligé en effet d'écarter des enfants âgés de 6 à 8 ans parce qu'ils ne possédaient même pas les fondements de la discrimination visuelle. Le manque d'acquisition dont font preuve de nombreux handicapés mentaux à la sortie de l'école primaire, que ce soit dans le domaine de la socialisation ou dans des branches typiquement scolaires comme la lecture, le calcul et l'écriture, nous paraît suffisamment grave pour remettre en question l'utilité d'un certain nombre de méthodes dites « spécialisées ». La faiblesse des apprentissages réalisés à l'école spéciale primaire est généralement stigmatisée par les enseignants du cycle secondaire qui se retrouvent en face de jeunes adolescents à qui il est nécessaire d'apprendre les rudiments d'un ensemble de matières. Il est inconcevable qu'un enfant ayant passé six ans ou plus de sa vie à « bénéficier » de moultes séances de kinésithérapie, psychomotricité, ergothérapie ou de logopédie, ne dispose pas dans son répertoire des connaissances de base concernant les discriminations, le schéma corporel ou l'orientation spatio-temporelle. A nos yeux, la solution ne consiste pas à rejeter en bloc l'ensemble des méthodes et des techniques introduites dans l'éducation spécialisée, mais à restructurer leur utilisation en les intégrant dans un processus individualisé, évaluatif et prescriptif, au sein duquel il appartient à l'enseignant spécialisé de jouer le rôle de chef d'orchestre.

4. LE MATERIEL EDUCATIF

« Pour bien apprendre, utilisez le jeu X..., conseillé par les psychologues »; « Avec la boîte de jeux Y..., enseignants et éducateurs ont résolu les problèmes d'apprentissage de la lecture chez leurs élèves »; « Comme l'ont démontré de nombreux travaux, le matériel éducatif Z... favorise l'acquisition des prérequis au calcul ». Ces slogans, nous les rencontrons sur des prospectus publicitaires édités par les constructeurs de matériel éducatif. Sans préjuger de la valeur pédagogique réelle de tels instruments, il est certain qu'ils placent les enseignants devant d'incessants dilemmes. Quel matériel dois-je choisir pour mes élèves ? Cette question est résolue différemment selon la personnalité de l'enseignant et les moyens mis à sa disposition. Certaines classes sont envahies de jeux éducatifs, kits d'apprentissage ou matériel sophistiqué destiné à « apprendre » tout ce dont exige un élève, de la discrimination des couleurs à la réalisation d'opérations complexes de calcul. D'autres classes, par contre, ne contiennent que quatre ou cinq jeux éducatifs, parcimonieusement distribués aux enfants, le plus souvent comme récompense après la réussite d'une tâche scolaire. Dans le domaine de l'enseignement spécial, la tentation existe de conférer au matériel éducatif des vertus curatives qu'il ne possède peut-être pas. Face à des enfants handicapés mentaux, le choix du matériel éducatif pose deux grands types de problèmes. En premier lieu, les constructeurs de jouets ou de boîtes d'apprentissage basent généralement leurs réalisations sur des références normatives : tel jouet est indiqué pour les enfants âgés de 4 ans, tel autre convient plus particulièrement à 6 ans. Une étude de Lambert et Laruelle (1979) a démontré que les références à des âges chronologiques normaux ne pouvaient servir de base pour la sélection d'un matériel ludique adapté aux différents niveaux d'enfants handicapés mentaux modérés et sévères âgés de 3 à 12 ans. Prenons l'exemple d'un enfant handicapé modéré âgé de 10 ans et présentant un âge mental de 5 ans. Rien a priori n'autorise le fait de choisir pour lui des jeux éducatifs proposés à des enfants normaux âgés de 5 ans. Une telle procédure néglige de prendre en considération l'enfant handicapé mental, son niveau de performance et ses intérêts. Le second problème posé par la recherche d'un matériel éducatif adapté aux handicapés mentaux est celui des relations entre l'objectif poursuivi par les constructeurs et le contenu réel des tâches proposées. Ellis (1980) a analysé le contenu des dix jouets éducatifs les plus couramment utilisés dans des classes d'élèves handicapés mentaux modérés et sévères. Ces jeux intéressent l'acquisition de comportements diversifiés : dominos de couleurs, encastrements, discriminations de positions spatiales, etc. Au terme d'une expérimentation visant à évaluer les bénéfices respectifs retirés d'un apprentissage systématique du matériel, Ellis (1980) conclut qu'une analyse du contenu des jeux doit être effectuée préalablement à leur utilisation. En général, le matériel éducatif étudié s'est révélé insuffisamment détaillé et trop complexe pour être manipulé avec succès par les élèves handicapés mentaux. Les jeux envisagés présupposaient notamment l'existence des prérequis moteurs et perceptifs absents chez les élèves de classes spéciales.

Le matériel éducatif idéal est celui qui permet d'atteindre un objectif pédagogique déterminé en tenant compte des caractéristiques de l'élève. La littérature de l'enseignement spécial abonde de recommandations sur la nécessité de disposer d'un matériel adéquat pour l'éducation des handicapés mentaux, sans toutefois fournir d'indications précises sur la manière d'opérer un choix judicieux (Harriss et Manhar, 1975; Lance, 1977; Miller et Sabatino, 1977). A notre connaissance, un seul travail a abordé de front l'analyse des critères présidant aux choix du matériel scolaire dans les classes spéciales (Laycock, 1978a et b). C'est ce modèle que nous présentons en espérant que les enseignants y trouveront certaines indications leur permettant soit d'orienter leur choix dans la sélection du matériel existant, soit de construire eux-mêmes le matériel adapté à leurs besoins et à ceux de leurs élèves. Laycock distingue trois grands types de critères, l'un ayant trait au matériel en tant que moyen éducatif, le second prenant en considération l'enseignant, le troisième se rapportant au matériel en termes de coût et de bénéfices. Chacun de ces critères est analysé selon des facteurs spécifiques.

A. Le matériel comme moyen éducatif

Le matériel doit rencontrer des exigences éducatives précises en fonction d'objectifs pédagogiques à atteindre et des caractéristiques des élèves qui l'utilisent. L'analyse des qualités éducatives du matériel permet à l'enseignant d'apprendre et d'évaluer ce que le matériel est censé enseigner, à qui il s'adresse et la manière dont il est structuré. Huit facteurs doivent être envisagés :

Les objectifs. Quels sont les comportements spécifiques visés par le matériel ? Prétendre qu'un jeu est destiné à « accroî-

tre les performances perceptives » ou « les concepts spatio-temporels » n'est pas suffisant. Les objectifs doivent être analysés et décrits en termes comportementaux à deux niveaux:
- préciser les performances devant être atteintes par un élève après la manipulation du matériel,
- décrire la hiérarchie des comportements, du plus simple au plus complexe, nécessaires pour atteindre l'objectif. L'arrangement séquentiel des étapes est empirique et sera nécessairement adapté à chaque individu.

La population intéressée. Tout matériel éducatif s'adresse à une population déterminée. L'âge chronologique est généralement l'indice de référence. Cette donnée est insuffisante en présence d'enfants handicapés mentaux. D'autres éléments de description doivent être précisés, comme par exemple l'âge mental ou la catégorie de handicap concernée.

Les prérequis comportementaux. Les facteurs décrits ci-dessus sont certainement utiles pour la délimitation des objectifs du matériel, mais ils sont insuffisants car ils ne précisent pas quels sont les comportements spécifiques devant être mis en œuvre pour une utilisation adéquate. L'enseignant doit s'attacher à décrire les prérequis nécessaires pour permettre aux élèves d'apprendre grâce au matériel. Une tâche trop simple n'apportera guère de satisfaction. De même, un exercice se situant au-delà des capacités de l'élève manquera son objectif pédagogique.

Les modalités d'apprentissage. L'enseignant doit décrire la manière dont l'élève va interagir avec le matériel. Deux dimensions générales sont prises en considération: les modalités de prise de connaissance du matériel et les modalités de réalisation. Une grande partie du matériel scolaire repose sur l'exercice d'une seule modalité réceptive: la vision. Il importe de varier les modalités de présentation des messages (tactile, auditif) ainsi que les modes de réponse (moteur, verbal).

La présentation. L'analyse du moyen de communication utilisé par le matériel (objets tridimensionnels, images, photos, etc.), la qualité des reproductions, les dimensions des stimuli, leur valeur figurative, ainsi que les mesures de sécirité empêchant tout accident éventuel dans l'utilisation du matériel doivent également retenir l'attention de l'enseignant.

La progression de l'apprentissage. La vitesse de progression est une dimension centrale régissant l'efficacité du matériel éducatif. Deux facteurs interviennent à ce niveau: la dimension des étapes de l'apprentissage et la durée d'apprentissage offerte à chaque niveau. Dans de nombreux jeux éducatifs, la progression n'est pas stipulée, l'enfant étant libre d'avancer à son propre rythme. Il s'agit certainement de la solution la plus adaptée, à condition que le matériel ait fait l'objet d'une analyse préalable de l'adéquation des progressions exigées en fonction du niveau de l'élève.

Le contrôle des réponses. En présentant un matériel à ses élèves, l'enseignant doit s'interroger quant aux modalités de contrôle des résultats qu'il va pouvoir utiliser. Si l'élève n'est pas renforcé d'une manière ou d'une autre par la réalisation d'une tâche, il est peu probable qu'il persiste dans son effort. Un jeu éducatif, un livre, une feuille d'exercices de calcul ne sont pas que des éléments destinés, comme c'est trop souvent le cas, à remplir des moments d'inactivé ou à pallier au manque d'imagination de certains enseignants. L'élève a le droit de connaître les résultats de son action.

La valeur motivationnelle. Il est inutile de rappeler que l'efficacité d'un matériel éducatif découle également du degré d'attraction qu'il exerce sur les élèves. Comme tout autre enfant, l'élève handicapé mental est sensible aux formes, aux couleurs, aux images. De plus, les thèmes proposés dans le matériel doivent correspondre aux attentes des élèves et à leurs intérêts. Il n'y a rien de plus affligeant que de rencontrer dans certaines classes spéciales des jouets cassés, détériorés, aux couleurs délavées, peu susceptibles de plaire aux enfants. De même, comment peut-on espérer intéresser un élève handicapé mental à un livre de lecture présentant un moulin à vent et un meunier ou encore les débuts de l'aviation? La réalité environnementale de ces enfants est tout autre. Si leurs centres d'intérêt ont pour noms la télévision, Goldorak, les vedettes de la chanson, les motos japonaises ou une vedette sportive, pourquoi ne pas se servir de ces thèmes dans l'élaboration du matériel éducatif?

B. Les besoins des enseignants

Le matériel éducatif doit répondre aux besoins de l'enseignant, dont les traits distinctifs sont:

Ses compétences éducatives, sa formation et son habileté éventuelle dans la construction d'un matériel.

Le milieu scolaire dans lequel il évolue, avec ses possibilités et ses contraintes. L'utilisation du matériel éducatif doit être envisagée dans le cadre spécifique de la classe, en tenant compte à la fois des caractéristiques physiques de l'environnement (espace disponible, aménagement de l'espace en fonction des activités, etc.) et des modalités de l'éducation (répartition des horaires, organisation des leçons, travail individuel ou en groupe, etc.).

Ses disponibilités, à savoir le temps qu'il peut consacrer à l'analyse et à l'élaboration du matériel éducatif, sans oublier les contraintes budgétaires et administratives auxquelles il est soumis.

C. Rapport coût-bénéfice du matériel

A côté des besoins des élèves et des enseignants, il ne faut pas perdre de vue que l'acquisition d'un matériel éducatif est soumise à des exigences pratiques, notamment financières. Dans de nombreuses écoles, ce sont ces exigences qui déterminent en dernière analyse le choix d'un matériel éducatif. Bien qu'il soit malaisé d'établir des critères stricts de coût-bénéfice — comment établir des relations entre le prix d'un objet et les avantages qu'il offre sur le plan éducatif? —, il est possible cependant d'envisager une évaluation du matériel à partir des facteurs suivants:

Le coût. A ce niveau, il faut abandonner l'idée selon laquelle ce sont les matériels les plus chers qui intéressent le plus les enfants handicapés mentaux et sont les plus adaptés pour l'apprentissage. Lambert et Laruelle (1979) ont montré qu'il n'existait en fait aucune relation entre le coût d'un jouet et sa valeur éducative chez les handicapés mentaux.

La longévité. Plus un matériel est simple dans sa conception, plus il résiste aux manipulations.

Le taux d'utilisation. Deux critères doivent être pris en considération pour déterminer le taux d'utilisation du matériel: le nombre de fois qu'il est proposé par l'enseignant et sa fréquence de choix spontané par les élèves.

L'utilité pour la recherche. Les bénéfices retirés d'un matériel éducatif doivent également tenir compte de la manière dont il a stimulé la recherche et a ainsi fourni des renseignements intéressants pour la pratique pédagogique.

La figure 21 reprend l'ensemble des critères d'analyse du matériel éducatif. Contrairement à Laycock (1978b), nous n'avons pas introduit d'éléments d'évaluation sous la forme d'une échelle d'appréciation. C'est à l'enseignant qu'il appartient de construire ses propres cadres de référence.

Dénomination du matériel:
Firme ou constructeur:	Adresse:
Enseignant:	Elève:

CRITERES PEDAGOGIQUES	**BESOINS DE L'ENSEIGNANT**

1. Objectifs	*1. Degré de compétence exigé*
Buts du matériel	*2. Milieu scolaire*
Séquences d'apprentissage	Organisation de la classe
2. Population intéressée	Modalités de l'éducation
Age chronologique	*3. Disponibilités*
Age mental	Temps
Type de handicap concerné	Contraintes
3. Prérequis comportementaux exigés

4. Modalités d'apprentissage	**RAPPORT COUT-BENEFICE**
Réceptives: prise de connaissance
Effectrices: mode de réalisation
5. Présentation	*1. Coût du matériel*
Moyen de communication	*2. Longévité*
Qualité des reproductions	*3. Taux d'utilisation*
Valeur des stimuli	Proposé par l'enseignant
Normes de sécurité	Choisi par l'élève
6. Progression de l'apprentissage	*4. Utilité pour la recherche*
Dimension des étapes
Durée d'apprentissage
7. Contrôle des réponses
Modalités de renforcement
Modalités d'enregistrement
8. Valeur motivationnelle
Aspects esthétiques
Adéquation thématique

Figure 21. Suggestions pour une analyse du matériel éducatif.

L'échange d'informations entre enseignants n'est certainement pas la caractéristique prédominante de l'enseignement spécial. Et pourtant, que de bénéfices ne pourrait-on pas retirer d'une collaboration ayant pour objectif, dans ce cas précis, de disséminer l'information sur les avantages et les limites des divers matériels utilisés dans les classes spéciales? Aux Etats-Unis, il existe de véritables banques de données auxquelles peuvent s'adresser les enseignants spécialisés désirant connaître les types de matériels pouvant servir dans leurs classes (Bland, 1976). La création d'un tel système dans nos régions est-elle une utopie? Nous ne l'envisagerions pas si nous étions convaincu que les enseignants disposent de références précises pour choisir le matériel adapté à leur enseignement. La réalité est toute différente. Il n'est pas exagéré d'écrire que la plupart des enseignants sont démunis lorsqu'ils se trouvent confrontés au choix d'un matériel éducatif adapté à leurs élèves handicapés mentaux. La mise en place de banques de données, d'abord au niveau local, puis régional, constituerait indiscutablement un pas en avant dans la recherche d'un enseignement spécialisé de qualité.

5. L'ORGANISATION DU MILIEU SCOLAIRE

Le milieu scolaire dans lequel évoluent les élèves handicapés mentaux est très souvent une copie conforme des classes traditionnelles, privilégiant un univers adapté à l'enseignement magistral des disciplines académiques. Contrairement au milieu institutionnel qui a connu au cours de ces dernières années un ensemble d'études destinées à préciser ses caractéristiques (Lambert, 1978), l'environnement scolaire est resté à l'écart des préoccupations des chercheurs et des praticiens. Son aménagement est laissé à l'appréciation de chaque enseignant, c'est-à-dire façonné le plus souvent par le hasard. Nous n'avons dénombré qu'une dizaine de travaux ayant pour objet l'analyse des relations fonctionnelles entre des caractéristiques environnementales et les comportements des enseignants et des élèves handicapés mentaux. Trois composantes principales caractérisent la classe spéciale, chacune contenant diverses variables:

- *Une composante physique* ou architecturale: la disposition des divers éléments dans un espace donné. Parmi les variables comprises dans cette dimension, citons: l'agencement des divers lieux d'activités (travail, jeu, repos, etc.), la disposition des places individuelles, les possibilités d'accès au matériel éducatif, la position de l'enseignant et les communications avec l'extérieur.

- *Une composante sociale:* la présence ou l'absence de certaines personnes, les relations entre ces personnes (les conduites d'imitation et d'agression, les contingences sociales fournies par l'enseignant et les élèves), les territoires individuels et les modalités de travail (groupe-individuel).

- *Une composante pédagogique* ayant trait aux caractéristiques formelles des activités: la nature des tâches, la planification de la journée, l'alternance des activités et l'ensemble des moyens d'évaluation dont dispose l'enseignant pour mesurer les effets de l'apprentissage.

Ces dimensions interagissent au sein de la classe. Par exemple, de l'agencement physique du milieu vont dépendre les contacts sociaux, et réciproquement. De même, l'alternance des activités peut transformer à la fois la disposition des lieux et le type de relations sociales qui se sont installées entre l'enseignant et les élèves. De rares études ont montré que certains aspects de l'organisation de la classe avaient une incidence directe sur les comportements des élèves. D'une manière générale, plus un environnement scolaire est structuré en termes de planification des activités, plus il entraîne la présence de conduites adaptées chez les élèves handicapés mentaux (Gast et Nelson, 1977). Inversément, le manque de structuration favorise l'apparition de comportements inadaptés (Lathey, 1978). Nous avons choisi d'illustrer une variable à l'intérieur de chaque dimension du milieu scolaire. Les trois thèmes retenus nous ont été suggérés par des enseignants.

A. L'environnement physique

S'il existe un domaine permettant de différencier une classe spéciale d'une classe traditionnelle, c'est peut-être dans l'occupation de l'espace mis à la disposition de l'enseignant et des élèves. Bien que l'on rencontre encore des locaux dans lesquels les élèves sont assis derrière des rangées de bancs bien alignés, face à un grand tableau noir et à l'enseignant qui trône sur une estrade, l'image habituelle de la classe spéciale est plutôt celle d'un agencement informel des places de chacun et d'une grande proximité physique des occupants. Tous les enseignants n'ont évidemment pas l'occasion de disposer d'un local spacieux, moderne et bien équipé. Il leur est cependant possible d'aménager la classe afin de la rendre non seulement fonctionnelle, propice aux apprentissages, mais également agréable, par la construction d'un milieu dans lequel les enfants handicapés mentaux prennent plaisir à vivre plusieurs heures par jour. Deux dimensions nous apparaissent importantes à prendre en considération pour satisfaire à ces exigences.

En premier lieu, la classe spéciale n'est pas uniquement un espace de travail. Elle doit fournir aux élèves plusieurs aires, chacune ayant une fonction spécifique. Idéalement, la classe devrait être divisée en plusieurs domaines, chacun correspondant aux activités suivantes: le travail scolaire proprement dit — permettant à la fois les activités de groupe et individuelles —, le jeu libre, le jeu organisé, certaines activités de rééducation (kinésithérapie, logopédie) et les travaux manuels. Dans les classes accueillant des jeunes enfants handicapés mentaux ou des handicapés sévères, il est nécessaire de prévoir un espace de repos ainsi qu'une aire réservée à l'apprentissage de l'autonomie sociale, plus particulièrement à l'acquisition des conduites de propreté sphinctérielle. Si la classe ne se prête pas à une telle division de l'espace, il est indispensable de modifier constamment l'environnement en fonction des activités du moment. Lorsque les élèves effectuent un travail scolaire, en groupe ou individuellement, le milieu doit être différent de celui offert, par exemple, lors d'une activité de peinture ou de modelage. De même, si l'enseignant a décidé d'apprendre à ses élèves les conduites appropriées aux repas, la classe doit être transformée pour se rapprocher le plus possible des conditions dans lesquelles les repas sont pris dans le milieu familial.

La seconde exigence a trait à la quantité de matériel disponible. Contrairement à une idée très répandue, l'abondance de matériel n'est pas synonyme de qualité d'apprentissage.

Comme en témoignent de nombreuses recherches réalisées avec les sujets handicapés mentaux, un milieu riche en stimulations de toutes sortes ne constitue nullement le garant d'acquisitions diversifiées. Un tel milieu peut au contraire produire des effets diamétralement opposés à ceux escomptés. Trop de stimulations entraînent des perturbations au niveau des réponses d'adaptation à l'environnement. La présence d'un matériel peu en rapport avec le niveau de développement des élèves n'est guère utile : soit l'enfant maîtrise correctement le matériel et n'apprend dès lors plus rien à son contact, soit l'enfant n'a pas encore acquis les conduites nécessaires pour se servir du matériel. Dans ce cas, il évitera les objets qu'il juge trop difficiles à manipuler. Mieux vaut avoir dans une classe une dizaine d'objets éducatifs soigneusement choisis et remplacés selon les progrès des élèves, plutôt que des caisses entières de matériel dont on ignore la finalité. Un autre point important concerne le rangement du matériel. Certains enseignants s'accommodent mal du désordre : leur classe est impeccablement rangée et tout objet non utilisé est remis à sa place. Sans prôner l'introduction du désordre dans les classes spéciales, nous souhaitons attirer l'attention des enseignants sur le parti qu'ils peuvent retirer des activités de rangement sur le plan éducatif. Un milieu ordonné et aseptisé n'offre guère aux élèves l'occasion de participer à l'aménagement de leur univers. Nous connaissons des enseignants qui — involontairement, nous l'espérons — s'efforcent de communiquer à leurs élèves leur névrose de rangement et de propreté. Trop souvent, les activités de peinture, de modelage ou de poterie sont bannies de la classe «parce que cela salit». Ces enseignants n'ont pas compris que le fait de nettoyer quelque taches, de ranger ou de préparer un endroit pour recevoir une nouvelle activité, font partie de l'éducation au même titre que la lecture ou le calcul. Il suffit d'un peu d'imagination pour transformer ces tâches en de véritables activités d'apprentissage. Par exemple, des signes distinctifs apposés sur le matériel et les divers lieux de rangement constituent d'excellents exercices de discrimination visuelle et spatiale. Enfin, la décoration de la classe doit laisser une large place aux productions personnelles des élèves. Trop de murs sont couverts par les réalisations des adultes, Blanche-Neige et les sept Nains, Bambi ou Mickey en contreplaqué soigneusement découpé et colorié par l'enseignant peuvent certes servir à rompre la monotonie des murs blancs. Mais pourquoi ne pas prévoir également des espaces réservés aux réalisations des élèves, des endroits où ils peuvent exposer un dessin, un collage ou un modelage ? Une simple tache de couleur sur une feuille de papier a souvent plus d'importance pour son auteur que n'importe quel dessin élaboré auquel il n'a pas participé.

Les figures 22 et 23 présentent les plans de deux classes d'enseignement spécial pour élèves handicapés mentaux. La première (figure 22) accueille des enfants âgés de 4 à 7 ans. Elle est divisée en cinq parties :
- l'espace situé près de l'entrée comprend : le rangement des effets personnels (la photographie de chaque élève permet l'identification de la place qui lui est réservée), une série d'armoires de rangement sur lesquelles sont exposées les réalisations des élèves, un coin destiné à l'apprentissage de la propreté corporelle et une espace réservé aux centres d'intérêts proposés par l'enseignant aux divers moments de l'année et enrichi par les apports des élèves;
- un espace destiné à l'apprentissage de l'autonomie, cloisonné à mi-hauteur du plafond et décoré de manière à représenter l'intérieur d'une maison. En dehors des repas et de leur préparation, ce coin peut être aménagé en lieu de repos;
- un espace-travail, délimité sur le sol par des lignes bleues et offrant des activités de groupe et individuelles;
- un espace-jeu, délimité par des lignes vertes, suffisamment important pour permettre les jeux de groupe, les exercices de motricité et le déplacement des élèves en auto ou à vélo. Des armoires individuelles sont disposées dans les deux «pièces», chacune avec une marque distinctive permettant son identification immédiate.

La seconde classe (figure 23) accueille des élèves âgés de 10 à 13 ans. Elle offre un aspect plus «scolaire» par sa division en deux aires séparées par des cloisons sur lesquelles sont exposés les travaux individuels :

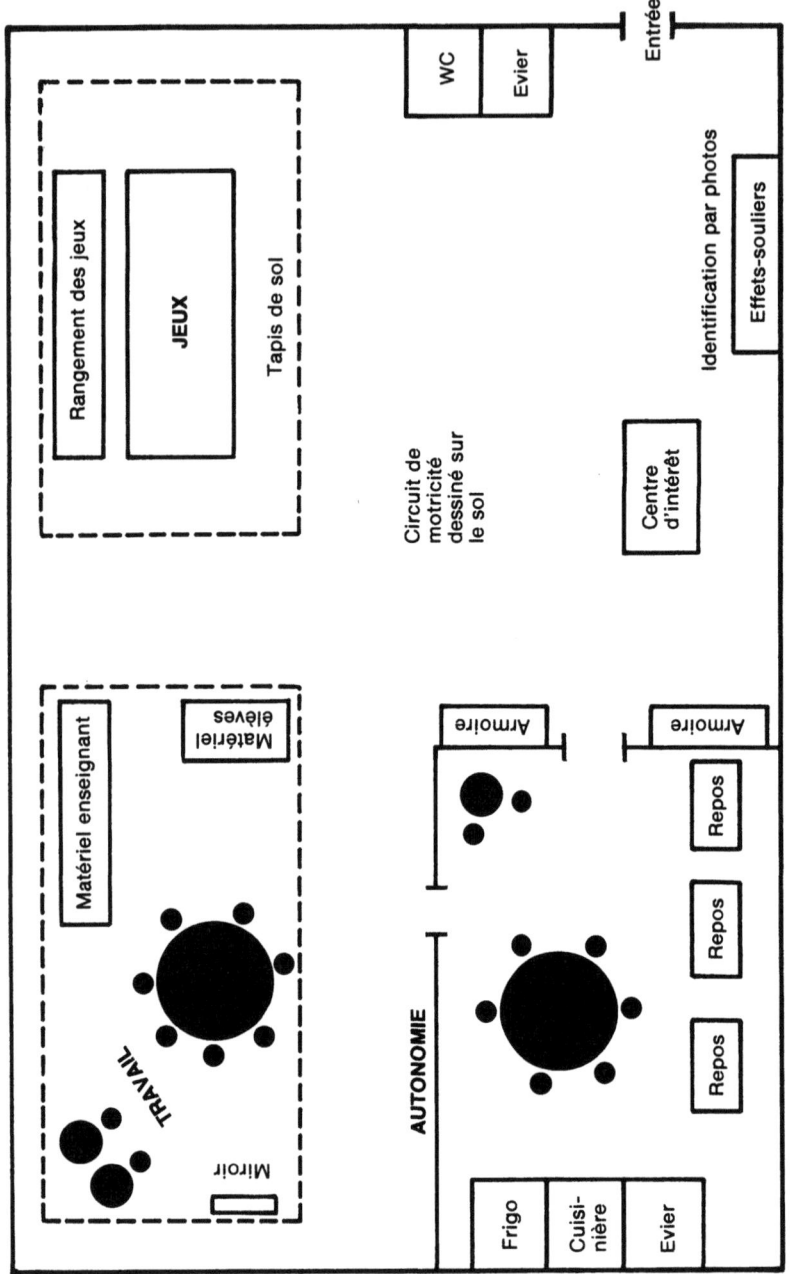

Figure 22. Schéma d'organisation d'une classe pour jeunes enfants handicapés mentaux.

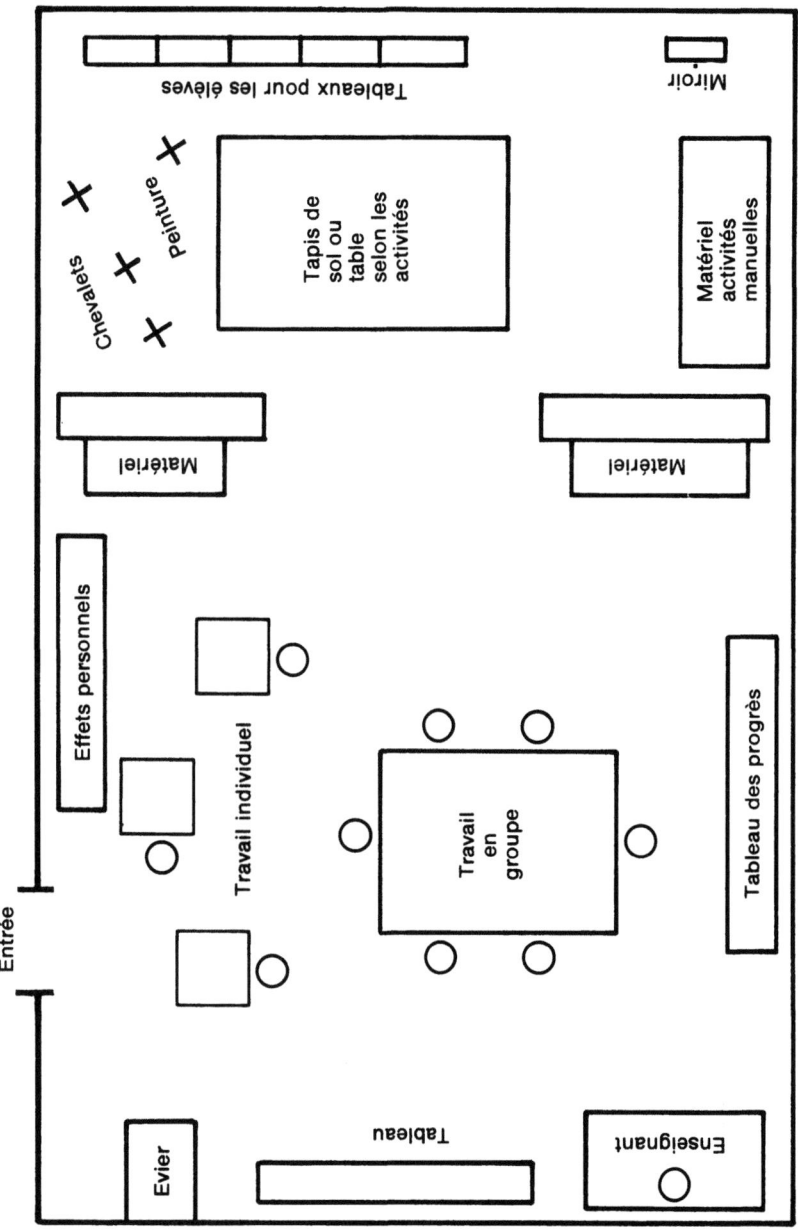

Figure 23. Schéma d'organisation d'une classe pour enfants handicapés mentaux plus âgés.

- un espace-travail permettant les activités de groupe et individuelles;
- un espace-jeu servant également aux séances de rééducation en groupe (psychomotricité, musique, logopédie) et aux activités manuelles.

B. La planification des activités

Bien que les enseignants apprennent durant leur formation qu'une planification des activités scolaires quotidienne est nécessaire — ou du moins obligatoire, comme en témoigne la tenue d'un journal de classe —, ils ne disposent pas généralement d'indications précises permettant de confirmer ce fait. Indépendamment de leur contenu, l'organisation et la succession des leçons ont des répercussions sur le comportement des élèves. Il s'agit là d'évidences démontrées par les résultats de plusieurs études réalisées dans les classes traditionnelles. Par exemple, Sanders et Hanson (1971) indiquent qu'une redistribution des contacts entre l'enseignant et les élèves peut s'opérer par l'introduction d'une période de jeu après un moment de travail intensif. De cette manière, l'enseignant accroît ses contacts avec les élèves moins doués et réduit ses interactions avec les élèves ne présentant aucune difficulté dans la maîtrise des tâches scolaires. Doke et Risley (1972) comparent deux modèles d'organisation de la journée au sein d'une classe maternelle. Toute planification des activités selon une séquence déterminée accroît la probabilité des conditions de participation des élèves au même titre qu'un modèle organisationnel basé sur un choix entre plusieurs activités disponibles. A notre connaissance, il n'existe qu'une seule étude ayant analysé les effets d'une programmation des activités scolaires sur le comportement des élèves handicapés mentaux. Deux raisons nous ont conduit à décrire cette expérience dans le détail. Tout d'abord, elle est l'exemple type des recherches devant être menées dans l'enseignement spécial pour cerner les effets des diverses variables de l'environnement scolaire sur les comportements des élèves. Ensuite, la conception du travail permet sa reproduction par tout enseignant dans sa classe, la procédure et les méthodes d'enregistrement utilisées procédant d'une pratique quotidienne.

Frederiksen et Frederiksen (1977) comparent les effets respectifs de deux types de planification des activités, l'un correspondant à une séquence fixe proposant une alternance des activités selon un ordre prédéterminé, le second consistant en une séquence imprévisible, dictée par le hasard. La classe où se déroule l'expérience accueille 11 élèves, âgés de 14 à 20 ans, ayant un Q.I. inférieur à 50 ou déclarés «intestables». Six élèves seulement communiquent au moyen de quelques phrases. L'institutrice a une expérience de deux ans dans cette classe. Les variables sur lesquelles sont mesurés les effets des deux types de présentation des activités sont les suivantes:

- *Les performances à 12 tâches* occupant une matinée normale dans la classe. Ces tâches et la durée nécessaire à leur réalisation se présentent comme suit:
- brossage des dents (15 minutes),
- exercices de motricité générale (15'),
- travaux individuels relatifs à l'organisation de la classe (11 tâches individualisées, par exemple: aller au bureau central pour prendre les feuilles de présence, préparer le matériel pour l'activité suivante, etc.) (10'),
- travaux manuels: arts graphiques, modelage, etc. (25'),
- travaux manuels: idem (25'),
- pause avec distribution de lait et légère collation (10'),
- soins corporels I: se laver les mains, aller à la toilette (10'),
- apprentissages individuels: prérequis aux disciplines académiques (20'),
- apprentissages individuels: idem (20'),
- activités de groupe: psychomotricité, musique, etc. (20'),
- soins corporels II (10'),
- dîner (30').

Les performances requises pour la réalisation de chaque tâche sont fixées par l'institutrice sur une base individuelle. Les critères de réussite sont décrits en termes de comportements observables et enregistrés par deux personnes, l'institutrice et son assistante.

- *Les comportements inappropriés*: définis comme des interférences introduites par un élève dans le travail de la classe: bruits excessifs, déplacements intempestifs, jets de matériel, agressions physiques, etc.

Avant le début de l'expérience, les 12 tâches sont présentées dans l'ordre décrit ci-dessus, durant 20 matinées successives. Pendant cette période, l'institutrice renforce les comportements adaptés, encourage les élèves à travailler, ignore ou sanctionne les conduites inappropriées et enregistre les performances individuelles selon les critères préétablis. Ces mesures offrent les données de la ligne de base. L'expérience proprement dite comporte 4 phases:

- *phase 1*: présentation fixe de la séquence des 12 tâches, pendant 6 matinées,
- *phase 2*: présentation au hasard de 10 tâches. Les tâches «soins corporels II» et «dîner» sont maintenues en fin de matinée pour évaluer les effets éventuels des modifications sur leur réalisation. Cette phase dure également 6 matinées,
- *phase 3*: présentation fixe de la séquence, répétition de la phase 1,
- *phase 4*: présentation au hasard des 10 tâches, répétition de la phase 2.

La partie supérieure de la figure 24 indique les pourcentages moyens des réussites aux 10 tâches ayant fait l'objet des manipulations expérimentales. Au niveau de la classe, l'introduction des séquences au hasard entraîne une dégradation des performances. Parallèlement, cette modification s'accompagne d'un accroissement de la fréquence des conduites inadaptées (partie inférieure de la figure). L'agencement des 10 tâches a également des effets sur les deux activités survenant en fin de matinée. Les élèves obtiennent de meilleurs scores de réussite au cours des phases 1 et 3. Ces tendances générales se retrouvent au niveau individuel. Les élèves obtenant les moins bonnes performances durant les activités présentées selon une séquence fixe voient leurs résultats se péjorer de manière im-

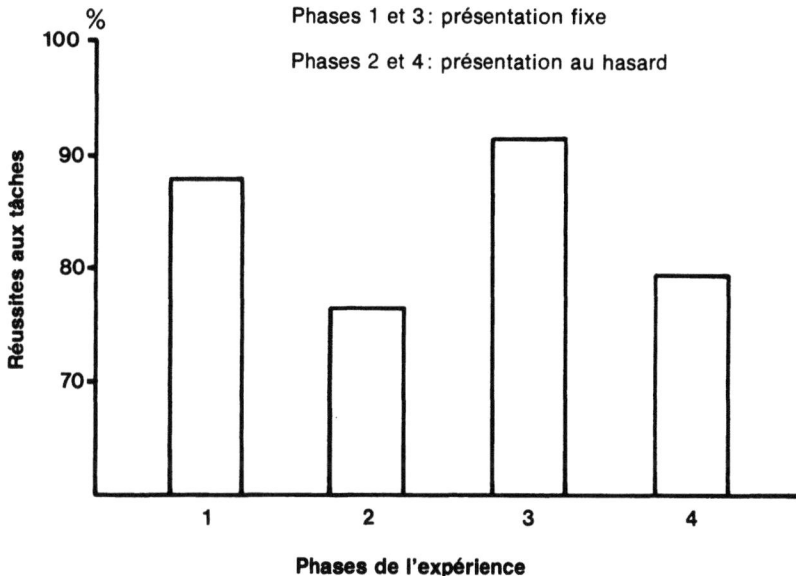

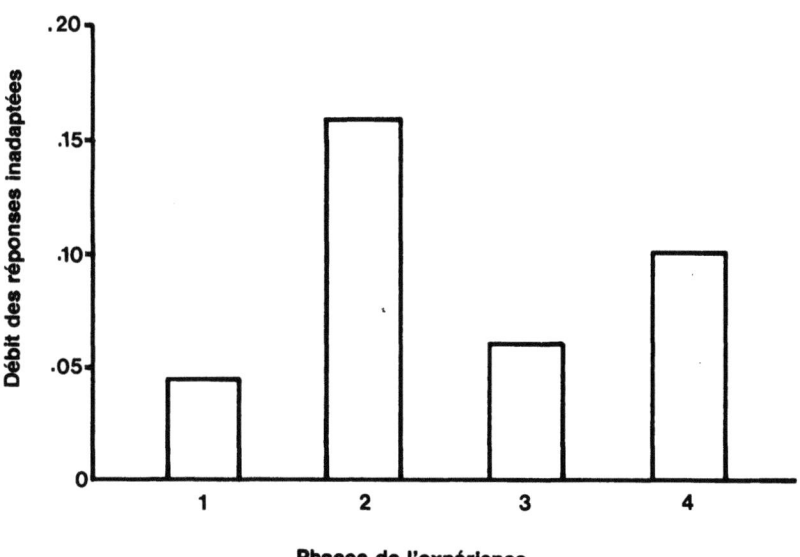

Figure 24. Evolution des performances scolaires et des comportements inadaptés en fonction du mode de présentation des activités (d'après Frederiksen et Frederiksen, 1977).

portante lors de la présentation au hasard. Le même phénomène s'observe au niveau des comportements inappropriés : les élèves ayant la fréquence de conduites inadaptées la plus élevée durant les modalités séquentielles fixes présentent un accroissement considérable de ces comportements au cours des phases 2 et 4.

Les résultats de cette étude confirment les données enregistrées précédemment dans les classes traditionnelles : la planification des activités a des effets sur les comportements scolaires. L'agencement des tâches suivant une séquence prévisible ou laissée au hasard affecte différemment les performances des élèves et la fréquence des conduites inadaptées. D'une manière générale, l'adoption d'une présentation séquentielle fixe, donc planifiée au préalable par l'enseignant, entraîne de meilleurs scores de réussite et un taux relativement faible de comportements inappropriés. La découverte la plus intéressante concerne la sensibilité différentielle des sujets aux modifications introduites par l'enseignant. Les élèves ayant les performances les meilleures sont moins sensibles que les autres aux transformations de la séquence de présentation des tâches. Par contre, c'est chez les élèves les moins doués que se marquent significativement les effets d'une modification de l'environnement. Certains élèves seraient donc plus affectés que d'autres par la rupture d'une séquence ordonnée.

Cette expérience peut être reproduite au sein de n'importe quelle classe spéciale, moyennant un peu d'organisation de la part de l'enseignant. C'est en fait le typde de recherche sur le terrain que nous souhaiterions voir se répandre dans l'enseignement spécial. Dans le travail ci-dessus, l'enseignant a contrôlé l'ensemble de la procédure expérimentale. Le seul apport extérieur a été l'aide d'une assistante pour l'observation et l'enregistrement des résultats. Il ne s'agit nullement d'une situation inhabituelle, de nombreuses classes spéciales disposant d'un titulaire et d'une aide occasionnelle ou permanente. Trop souvent, le terme « recherche » est associé à une image précise : le laboratoire, avec un luxe d'appareils de contrôle et de conditions rigoureusement définies. Il s'agit là d'un type de recherche, certes indispensable, mais dont les implications ne sont pas nécessairement utilisables dans l'immédiat pour le praticien. A côté de ce travail expérimental — que l'on persiste à qualifier de « fondamental » —, il existe quantité d'occasions pour procéder à des études appliquées, directement centrées sur les préoccupations quotidiennes.

Le souci de l'expérimentation devrait être profondément ancré chez les enseignants. En écrivant ces lignes, nous imaginons déjà la levée de boucliers que suscitent habituellement de tels propos: « l'élève n'est pas un cobaye, la classe n'est pas un laboratoire, nous sommes des praticiens et non des chercheurs ». Telles sont les raisons avancées par certaines personnes, souvent peu informées du parti qu'elles peuvent retirer d'une systématisation de leur action, et toujours mal formées à la recherche appliquée. Dans l'expérience décrite ci-dessus, en quoi les élèves ont-ils été manipulés? L'enseignant n'a rien fait d'autre qu'observer au sein de sa classe les effets induits par la modification d'un aspect de son enseignement: l'agencement des activités proposées aux élèves. Si l'enseignant utilise des méthodes pour évaluer les progrès de ses élèves, s'il est sensible à l'élaboration d'un contenu pédagogique adapté aux niveaux des enfants, alors il doit également s'interroger sur la manière dont il organise sa classe. La préparation de la journée scolaire, la définition préalable des tâches proposées, la planification de leur déroulement, la recherche du matériel à utiliser et la diversification des exigences individuelles sont des variables éducatives importantes. Actuellement, nous ne connaissons pas comment agissent ces variables au sein des classes pour handicapés mentaux. Durant combien de temps faut-il présenter des exercices purement scolaires? Comment faut-il alterner les travaux manuels, le jeu et les activités académiques? Quand faut-il introduire les leçons de musique ou les séances de communications verbales? A quels moment l'élève est-il le plus réceptif? Comment décider si telle tâche doit être réalisée en groupe ou, au contraire, présentée individuellement? A quels moments de la journée peut-on introduire les séances de rééducation de logopédie ou de kinésithérapie? Quand l'élève a-t-il besoin de relâcher ses efforts? Autant de questions qui sont posées par les enseignants du spécial. Autant de thèmes de recherches qu'ils peuvent mener à bien dans leur classe.

C. **Travail de groupe ou individuel?**

Traditionnellement, l'éducation des sujets handicapés mentaux repose sur un principe bien établi : l'apprentissage individuel. Depuis Itard et Seguin, cette forme d'enseignement a toujours été considérée comme le moyen le plus efficace pour rencontrer les besoins des handicapés. C'est ainsi qu'une revue de la littérature spécialisée effectuée par Favell et al. (1978) montre que 90 % des études portant sur l'acquisition de différents comportements chez les handicapés mentaux sont basées sur la relation éducative entre un enseignant et un élève. Au niveau pratique, on ne rencontre guère cette exigence que dans des domaines spécifiques, comme la logopédie ou la kinésithérapie. En dehors de ces séances individuelles, l'enseignant est en présence d'un groupe d'élèves dont l'hétérogénéité développementale constitue la caractéristique principale. Toute classe spéciale accueillant 8 ou 10 élèves handicapés pose un véritable dilemme à l'enseignant : comment concilier le travail en groupe et les exigences de chacun des élèves? L'époque du préceptorat étant révolue, il est nécessaire d'installer dans la classe des procédures qui tiennent compte à la fois des besoins éducatifs des élèves et de la réalité quotidienne, c'est-à-dire de l'organisation du travail scolaire et de la disponibilité de l'enseignant. Avant même d'examiner certaines modalités de planification des activités scolaires, il peut être utile de répondre à la question suivante : les élèves handicapés mentaux peuvent-ils bénéficier d'un travail en groupe? Nous nous sommes tourné vers la recherche appliquée afin de trouver des éléments de réponse. A première vue, la question posée ne constitue pas le souci majeur des spécialistes de l'enseignement. En effet, nous n'avons recensé que quatre études ayant abordé le problème de l'efficacité de l'éducation en groupe et ce n'est pas un hasard si toutes ces recherches sont postérieures à 1976. En effet, dans de nombreux pays, la crise économique a entraîné des restrictions au niveau des budgets alloués à l'enseignement. Dans le secteur spécialisé, les retombées de ces mesures se situent notamment au niveau de l'organisation: maintien de normes strictes dictant le nombre d'enfants par école et par classe, fin de l'engagement d'un personnel supplémentaire, regroupement des élèves et, parfois, suppression pure et simple de classes. L'apparition récente d'un courant de recherches évaluant l'efficacité respective du travail individuel et en groupe est le résultat de cette situation. Nous avons choisi d'examiner en détail les résultats de trois travaux particulièrement significatifs.

Favell et al. (1978) émettent l'hypothèse suivante: dans une classe d'enfants handicapés mentaux modérés et sévères, l'éducation individualisée est plus efficace que le travail de groupe en termes d'acquis réalisés par les élèves. Les auteurs présentent aux enfants une tâche de reconnaissance de mots écrits. Ils répartissent 16 élèves (A.C. moyen = 16 ans; Q.I. moyen = 45) en deux groupes, l'un recevant l'apprentissage selon une méthode individuelle, l'autre bénéficiant d'une méthode d'enseignement collective. Le temps consacré aux apprentissages est identique dans les deux cas, soit des séances quotidiennes de 15 minutes. Deux dimensions des résultats doivent être prises en considération:

– *L'efficacité de l'apprentissage.* Il n'existe aucune différence entre les deux groupes quant au nombre de mots appris et à la vitesse d'acquisition. Cette donnée confirme le travail de Storm et Willis (1978). Bien que l'enseignant leur consacre moins de temps, les sujets entraînés en groupe apprennent donc aussi vite que ceux soumis à un enseignement individualisé. Comment peut-on expliquer ce phénomène? Actuellement, on ne peut formuler que des hypothèses. La première est celle d'un effet d'apprentissage par imitation, ou apprentissage vicariant selon le terme utilisé par Bandura (1980). Dans ce modèle, un individu apprend en observant les performances (et les conséquences des performances) d'un autre individu. Les élèves soumis au travail en groupe bénéficieraient de cette situation d'apprentissage imitatif leur permettant ainsi de combler les effets négatifs éventuels d'un manque de disponibilité de l'enseignant à leur égard. Les recherches sur les effets de l'apprentissage social chez les individus handicapés mentaux sont cependant trop restreintes pour permettre de vérifier le bien-fondé de cette affirmation. La seconde hypothèse ne concerne plus les effets du travail collectif, mais ceux de l'instruction individualisée. Les résultats obtenus peuvent surprendre dans la mesure où l'on s'attendrait à une efficacité plus grande des situations mettant en présence un enseignant et un élève. Il est possible que l'acquisition de la tâche chez les élèves soumis à l'apprentissage individualisé ait été ralentie par ce que l'on appelle «l'effet de masse». De nombreuses études de psychologie expérimentale montrent que l'apprentissage d'une tâche est souvent accéléré lorsque la pratique est distribuée dans le temps plutôt qu'administrée en bloc, dans des limites temporelles restreintes. L'enseignement individualisé tel qu'il a été appliqué dans l'étude de Favell et de ses collaborateurs se rapproche d'une procédure «de masse»: les essais se suivent à cadence accélérée sans l'introduction de pauses dans la pratique. Inversement, les essais sont espacés dans le cas de l'apprentissage en groupe, les sujets ne pouvant répondre tous à la fois. Sur ce plan également, les recherches dans le domaine du handicap mental sont trop peu nombreuses pour pouvoir affirmer qu'un tel phénomène est en jeu dans la situation envisagée.

- La disponibilité de l'enseignant. Les résultats montrent que l'apprentissage en groupe est trois fois plus efficace sur le plan du temps consacré par l'enseignant aux élèves. Les sujets entraînés en groupe apprennent en moyenne 1 mot pendant une heure d'enseignement. Par contre, les élèves entraînés individuellement n'apprennent en moyenne que 0,3 mot durant le même temps. Cette constatation n'étonnera guère le praticien. En effet, le travail en groupe a toujours été considéré par l'enseignant comme plus économique sur le plan temporel. Lorsque l'on parveient à quantifier ce temps, on est toutefois surpris par l'importance des gains enregistrés.

Il existe dans la littérature spécialisée une opinion fortement ancrée selon laquelle les élèves handicapés mentaux modérés et sévères doivent nécessairement bénéficier d'une instruction individualisée pour apprendre les prérequis du calcul et de la lecture (par exemple, Hayden et Dimitriev, 1975). Comme dans de nombreux autres domaines de l'enseignement spécial, il s'agit là d'une croyance qui n'a jamais été étayée par des bases empiriques sérieuses, mais qui fait figure de principe pédagogique fondamental. Fink et Sandall (1978) prennent le contre-pied de cette opinion et partent de l'hypothèse que le travail en groupe peut être aussi efficace que l'apprentissage individuel pour l'acquisition de ces prérequis. Cette recherche mérite de retenir l'attention car elle prend place dans une classe intégrée accueillant 8 enfants normaux (A.C. = 4-5 ans) et 4 enfants handicapés mentaux (A.C. = 5 ans; A.M. moyen = 3 ans). Les sessions d'apprentissage sont quotidiennes et durent 20 minutes. Les modalités d'enseignement sont les suivantes : 60 sessions d'apprentissage en groupe durant lesquelles les élèves sont répartis en groupes de 4 contenant 3 enfants normaux et 1 enfant handicapé mental, suivies de 25 sessions individualisées s'adressant uniquement aux élèves handicapés mentaux. A partir du matériel éducatif utilisé, il est possible de mesurer le nombre de tâches apprises par session. C'est donc la vitesse d'acquisition des tâches qui fournit la base des comparaisons. Comme l'indique la figure 25, tous les enfants, normaux et handicapés mentaux, bénéficient des sessions d'apprentissage en groupe. La vitesse d'acquisition moyenne des élèves handicapés mentaux est égale à .60 leçons par session durant l'apprentissage des prérequis à la lecture et à .54 pour les prérequis au calcul. Lors de l'introduction des sessions individuelles, on n'observe qu'un faible accroissement des performances des sujets handicapés mentaux en lecture et une légère diminution de la vitesse d'acquisition en calcul.

A première vue, les auteurs confirment leur hypothèse de départ, à savoir que des enfants handicapés, placés dans des classes intégrées, peuvent tirer bénéfice de séances de groupe pour l'apprentissage des rudiments de la lecture et du calcul. Cependant, cette démonstration ne nous convainc guère car elle comporte une limitation méthodologique importante. Dans le cadre de la méthode et du matériel éducatif utilisés pour l'apprentissage, le contenu des 25 sessions individuelles est nécessairement plus difficile que celui des 60 sessions en

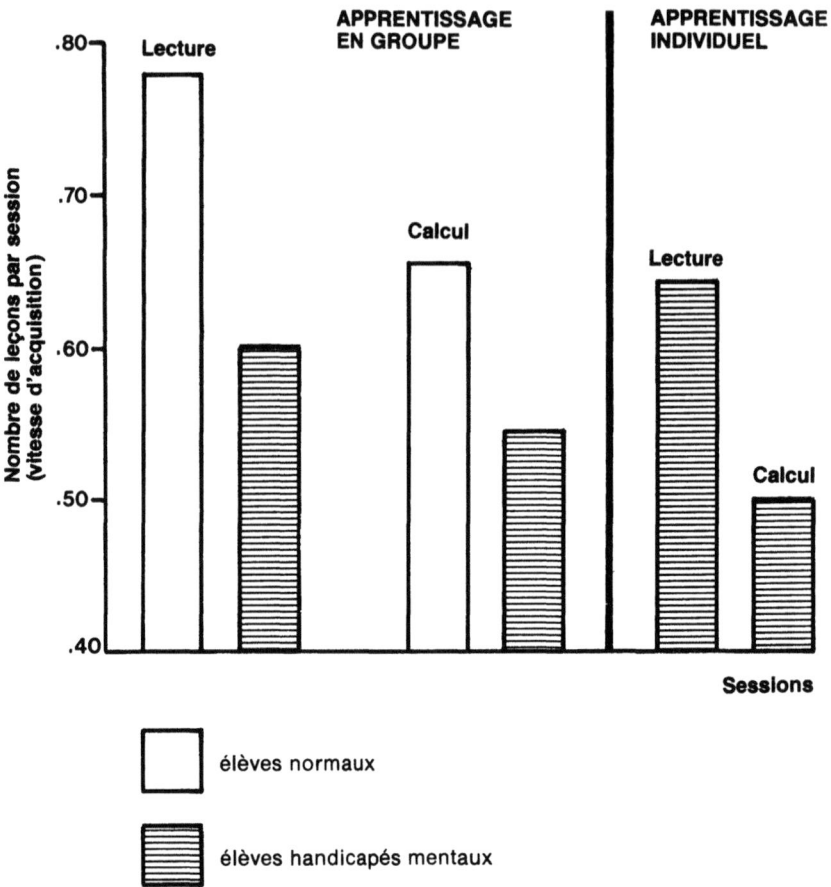

Figure 25. Vitesse d'acquisition des prérequis en lecture et en calul lors de l'apprentissage individuel et collectif (d'après Fink et Sandall, 1978).

groupe. En effet, les leçons contiennent une hiérarchisation des prérequis. Au fur et à mesure que l'on progresse dans la séquence d'acquisition des tâches de prélecture et de précalcul, les exigences deviennent plus grandes. Il est possible que l'absence relative de gains enregistrés lors des sessions individuelles ne soit pas due à la procédure d'enseignement elle-même, mais bien à son contenu.

Nous supposons que les auteurs ont pris conscience de la faiblesse de leur argumentation. En effet, lors d'une seconde

étude, ils utilisent un schéma plus adapté au but assigné. Fink et Sandall (1980) apprennent à lire des mots à 4 enfants handicapés mentaux (A.C. = 6 ans 6 mois; A.M. moyen = 2 ans 9 mois) et appliquent un modèle dans lequel les sujets sont leur propre contrôle. Ce schéma, désigné sous le sigle ABAB se présente comme suit:
- situation A: chaque enfant reçoit un apprentissage individuel (un enseignant - un élève),
- situation B: les élèves sont soumis à un travail en groupe,
- retour à la situation A,
- seconde présentation de la situation B.

Un test de rétention est ensuite administré une semaine après la fin de l'expérience. Comme l'indique la figure 26, la différence entre les performances enregistrées durant l'expérience — différence non significative en faveur de la méthode indivi-

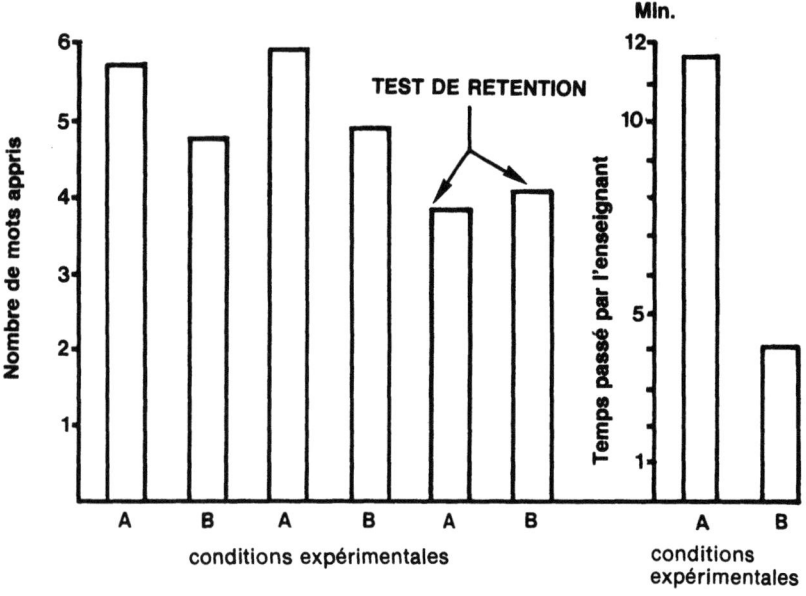

Figure 26. Nombre de mots appris selon les deux procédures expérimentales. Temps passé par l'enseignant aux apprentissages individuels et collectifs (d'après Fink et Sandall, 1980).

dualisée — s'estompent lors du test de rétention. Par contre, le temps passé par l'enseignant durant la condition de travail en groupe est significativement inférieur à celui consacré à l'apprentissage individuel.

Les résultats des recherches menées à ce jour indiquent que des élèves handicapés mentaux modérés et sévères retirent des bénéfices certains d'une procédure de travail en groupe. Les apprentissages ainsi réalisés sont identiques à ceux obtenus sous une condition d'instruction individualisée. Les données concordent également en ce qui concerne le travail de l'enseignant: la stratégie de groupe est nettement plus économique que le travail individualisé en termes de temps passé pour l'apprentissage. Ce fait est important à signaler, ne serait-ce que par rapport à la situation que connaît actuellement l'enseignement spécial dans certaines régions où le manque de personnel qualifié ne permet pas la mise en pratique d'une éducation individualisée.

Les recherches sont évidemment trop peu nombreuses pour recommander définitivement l'adoption d'un enseignement de groupe au sein des classes spéciales. L'efficacité respective de l'instruction individualisée ou collective dépend d'un nombre important de variables liées aux élèves handicapés mentaux, aux tâches à apprendre et aux méthodes d'enseignement. Dans les travaux expérimentaux cités ci-dessus, les tâches proposées aux élèves consistent en prérequis pour la lecture et le calcul. Nul n'oserait affirmer que des résultats analogues auraient été obtenus lors de la réalisation d'autres activités. En fait, deux variables sont importantes pour déterminer la forme prise par l'enseignement: le niveau des élèves et la nature des apprentissages. Dans les classes spéciales, notamment celles accueillant des élèves handicapés mentaux modérés et sévères, certains enfants ont acquis les grandes conduites d'autonomie (manger seul, propreté sphinctérielle, soins corporels) et d'autres non. Des élèves parviennent à contrôler l'ensemble des discriminations exigées pour la maîtrise d'un matériel éducatif, tandis que d'autres en sont toujours aux premières phases d'acquisition de ces comportements. Chaque élève a son propre rythme d'apprentissage. Certains enfants présentent des handicaps associés, sensoriels et moteurs, qui interfèrent avec la réalisation d'activités précises. D'autres ne possèdent qu'un répertoire verbal très restreint. De plus, certaines tâches ne se prêtent pas au travail en groupe: la correction de troubles d'articulation, l'acquisition des conduites de soins corporels, l'apprentissage des déplacements autonomes. Les interactions sociales prenant place au sein du groupe scolaire doivent faire l'objet d'observations précises; un travail en groupe efficace ne peut se concevoir sans prendre en considération les préférences individuelles. Enfin, lorsque l'enseignant est engagé dans une relation éducative individuelle, il doit s'assurer que les autres élèves sont capables de se tenir à des activités n'exigeant pas une supervision constante. Voilà quelques-uns des éléments dont il faut tenir compte dans le dosage entre le temps consacré à l'apprentissage individuel et au travail collectif. Actuellement, nous sommes en présence de données indiquant que le travail en groupe est chose réalisable dans les classes d'enseignement spécial pour élèves handicapés mentaux modérés et sévères. Les travaux ultérieurs devront s'attacher à préciser les conditions optimales d'utilisation de cette procédure éducative.

Comme les praticiens le découvrent jour après jour, il n'existe pas de modèle unique d'organisation du milieu scolaire. C'est par l'observation et la recherche personnelle que l'enseignant doit préciser quelles sont les dimensions de l'environnement qui conviennent le mieux à ses besoins et à ceux des élèves handicapés mentaux qu'il a pour mission d'éduquer.

Chapitre 7
Vers un enseignement spécialisé

L'homogénéité et la systématisation de l'action éducative sont les deux caractéristiques qui font actuellement défaut dans l'enseignement spécial pour handicapés mentaux. Comme l'indique la figure 27, trois entités relativement indépendantes forment le processus éducatif: des enseignants, formés ou non, des instances administratives régissant des structures, et des

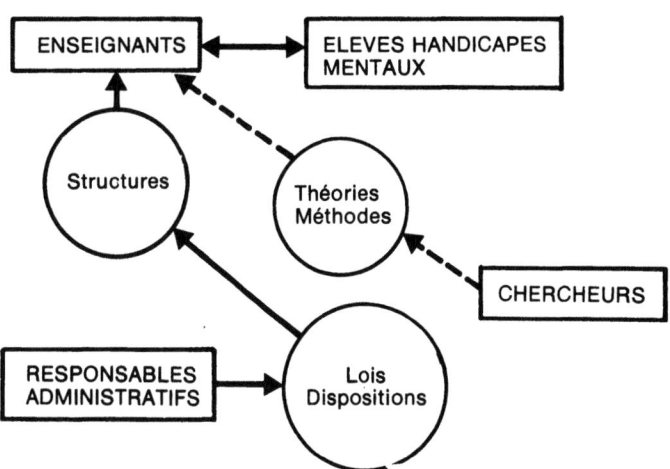

Figure 27. La situation actuelle de l'enseignement spécial.

chercheurs, dont l'influence toute relative sur les théories et les méthodes d'enseignement s'exerce de manière épisodique. L'absence de structuration dans la démarche éducative, la fragmentation des responsabilités et le chaos guidant l'utilisation de méthodes adaptées sont, malheureusement, les traits fondamentaux de l'enseignement spécial dans certains pays européens.

La création d'un enseignement spécialisé exige l'élaboration d'une conception globale de l'éducation pour les handicapés mentaux. Pour satisfaire à cette exigence, deux options nous apparaissent fondamentales: la définition de bases théoriques et l'élaboration d'une formation adéquate.

1. DE LA NECESSITE D'UNE THEORIE POUR L'EDUCATION SPECIALISEE

L'étude du handicap mental est incontestablement dominée par les sciences psychologiques et biomédicales. Cette constatation ne peut échapper à toute personne familiarisée au domaine. L'éducation, quant à elle, est restée largement à l'écart des préoccupations scientifiques des chercheurs et des praticiens confrontés aux handicapés mentaux. Les raisons de cette carence sont nombreuses. Nul doute qu'une grande part des responsabilités incombe au manque d'intérêt, voire au dédain, manifesté par les personnes regroupées au sein des institutions universitaires dans des «départements des sciences de l'éducation». L'absence de perspective historique, perspective dont pourrait bénéficier la réflexion théorique sur l'éducation des handicapés mentaux, est d'autant plus regrettable que les efforts des pionniers ayant pour noms Itard, Seguin et Binet, se sont inscrits dans une orientation résolument éducationnelle. Quoi qu'il en soit, les spécialistes des sciences de l'éducation sont actuellement incapables de répondre aux deux questions centrales pour l'éducation des handicapés mentaux: Quelle est la forme d'éducation la mieux adaptée à ces sujets? Comment peut-on planifier et implanter un programme éducatif? Ces deux questions sont interdépendantes et procèdent d'une préoccupation plus générale, à savoir la recherche d'un cadre conceptuel adapté à l'éducation spécialisée. Dans un ouvrage capital — comme toujours ignoré des pays francophones ... — Mc Master (1973) formule le problème en ces termes: le besoin fondamental de l'enseignement spécial est la formulation d'une théorie éducative adaptée aux handicapés mentaux. Notre propos n'est certes pas de présenter ici les fondements d'une telle théorie — cette tâche est en effet prématurée —, mais de proposer un schéma de référence, un outil de travail qui intéressera, nous l'espérons, chercheurs et praticiens dans le domaine du handicap mental.

Avant d'envisager les composantes d'un concept éducatif pour le handicap mental, il convient de s'interroger sur la notion de théorie éducative. Sans entrer dans des considérations épistémologiques, nous adopterons une définition opérationnelle du terme, telle qu'elle sied à l'éducation: la théorie se réfère à un cadre conceptuel rendant compte des principes, objectifs et méthodes se rapportant à un sujet déterminé. Cette définition offre un double avantage. D'une part, elle est orientée vers la pratique. Dans le cadre de l'éducation, il s'agira des processus d'enseignement. D'autre part, elle étend le champ d'intérêt au-delà d'un seul domaine d'investigation. On fera donc appel à l'apport de disciplines scientifiques autres que celles regroupées sous la dénomination «sciences pédagogiques». Toute théorie éducative doit être étroitement liée à la pratique éducative. Une de ses fonctions majeures est de déterminer quelles sont les fins de l'éducation, tout en proposant des moyens par lesquels ces fins peuvent être atteintes. Mc Master (1973) fonde une théorie éducative sur les données provenant des disciplines suivantes: l'histoire, la psychologie, la philosophie, la médecine, l'expérience, la sociologie, la politique et l'économie. Comme le montre la figure 28, la théorie éducative n'est pas un sujet scientifique «pur» dans la mesure où elle procède des connaissances d'autres sciences.

Quelques mots d'explication sont nécessaires pour clarifier au niveau du handicap mental l'apport des différents champs d'études à la théorie éducative.

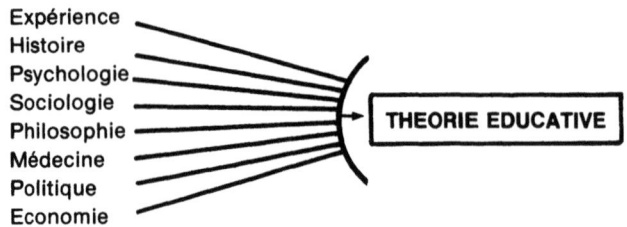

Figure 28. Le cadre conceptuel d'une théorie éducative (d'après Mc Master, 1973, p. 27).

La philosophie. Il s'agit d'une discipline souvent considérée comme dépassée, voire superflue. La contribution de la philosophie dans le domaine du handicap mental peut s'exercer dans une triple direction:
- aider à clarifier les fins de l'éducation. Nous avons insisté sur ce point au chapitre 4,
- offrir une base de réflexion pour l'adoption d'attitudes adéquates vis-à-vis des personnes handicapées mentales,
- analyser les modifications survenant dans les concepts éducatifs et expliquer les raisons de ces changements.

Certains pays, et plus particulièrement ceux de langue allemande, ont une tradition philosophique bien établie pour asseoir la réflexion sur les fondements de la pédagogie curative (Haeberlin, 1980).

La psychologie. C'est incontestablement le domaine qui a le plus marqué l'éducation des handicapés mentaux au cours de ces vingt dernières années même si, de l'avis des spécialistes (Mittler, 1975), moins de cinquante pour cent des résultats des recherches ont eu une répercussion dans la pratique éducative. Schématiquement, deux grands courants théoriques dominent les travaux actuels: les théories du conditionnement operant skinnérien et la psychologie cognitive piagétienne, les premières s'attachant à l'étude des fonctions du comportement retardé, la seconde aux structures de ce comportement. Récemment, des recherches ont établi les rapprochements nécessaires entre ces deux orientations. Le lecteur se référera à Robinson et Robinson (1976) ainsi qu'à Lambert (1978) pour une revue des principaux travaux psychologiques dans le handicap mental. L'essor récent pris par les études en psycholinguistique contribue également à enrichir le champ des connaissances (Rondal et Lambert, 1981). Le simple énoncé des domaines de l'investigation psychologique chez les handicapés mentaux dépasserait à lui seul les limites de ce chapitre. Les recherches vont de l'analyse des phénomènes psychophysiologiques fondamentaux à l'élaboration de milieux physiques et sociaux susceptibles d'offrir aux personnes handicapées mentales le maximum d'adaptation sociale.

L'expérience. Sous ce terme, Mc Master (1973) introduit une perspective intéressante à considérer dans la construction d'une théorie éducative: l'intégration nécessaire de la dimension appliquée au niveau des concepts. La figure centrale de l'éducation est l'enseignant; son expérience, envisagée sous la forme d'une connaissance pratique recueillie au contact des handicapés mentaux, est dès lors indispensable au modèle théorique. L'expérience rassemble la somme des données empiriques issues du terrain scolaire. Il serait erroné de prétendre que toutes les informations recueillies sont pertinentes pour la construction d'une théorie éducative. L'expérience en tant que telle n'assure ni la qualité de l'enseignement, ni ses progrès. Seule une formation adéquate permet aux enseignants d'évaluer leur pratique pour n'en retenir que les éléments susceptibles d'aider les handicapés mentaux à évoluer vers plus d'autonomie sociale. A de trop nombreuses reprises, les enseignants s'imposent des limites d'apprentissage, conséquences d'une mauvaise appréhension des possibilités des sujets handicapés mentaux. Comme nous l'avons vu au chapitre 3, la perte progressive pour le corps enseignant du rôle central dans l'éducation n'est pas étrangère à cette situation. L'éducation est, avant tout, une activité pratique. Les données empiriques issues de cette réalité doivent être analysées, quantifiées et documentées afin de fournir des connaissances essentielles pour la construction théorique. Actuellement, cette information de première main est largement inutilisée, voire conservée jalousement par les enseignants, comme le dernier refuge de leur compétence et de leur statut. Il en résulte que nous savons très peu de choses sur ce qui se passe dans les classes spéciales. Or, il serait vain de formuler des objectifs et de proposer des méthodes si le feedback de la réalité pratique est inexistant. Un des défis, et non le moindre, lancé par la mise au point d'une formation adéquate est précisément de faire accepter aux enseignants l'introduction des méthodes scientifiques d'évaluation au sein de leurs classes. Cette perspective commence à être introduite avec succès dans l'enseignement traditionnel (voir par exemple, Crahay, 1979).

Dans l'enseignement spécial, les rares travaux disponibles, notamment dans le domaine du « micro-enseignement » sont encourageants et indiquent que, moyennant une formation adéquate, les enseignants sont désireux de tirer profit d'une analyse de leur démarche éducative (Mittler, 1975; Lambert, 1981).

L'histoire. Il suffit de parcourir un programme de formation pour se rendre compte que l'histoire, en tant que discipline scientifique, est très souvent traitée comme un sujet accessoire. De fait, si l'histoire est envisagée sous l'angle d'une succession de dates et de décrets, son utilité pour l'éducation est très restreinte. Par contre, le fait de procéder à l'analyse approfondie des conditions sociales, politiques et économiques dans lesquellles se sont déroulés les faits saillants de l'éducation, voilà qui apporte un éclairage précieux sur le présent et permet, dans une certaine mesure, de préparer le futur. L'histoire de l'éducation spécialisée est le reflet des attitudes de la société envers les handicapés mentaux. C'est seulement au travers d'une analyse historique que l'on peut comprendre l'émergence des idées actuelles prévalant dans la prise en charge éducative — par exemple, les notions de normalisation et d'intégration — et prévoir leur évolution au cours des prochaines années. L'histoire de l'éducation spéciale n'est pas uniquement celle des modifications administratives. Elle englobe le contenu de l'éducation en incluant les programmes d'étude, les méthodes, l'équipement, les institutions et les écoles. Comme l'écrit Mc Master (1973), si l'on regarde en arrière, aux alentours de 1850, on s'apercevra que les difficultés et les problèmes auxquels étaient confrontés les éducateurs n'étaient guère différents de ceux d'aujourd'hui.

La sociologie. Centrée sur l'analyse des structures et des processus sociaux, la sociologie doit contribuer à l'élaboration d'une théorie éducative. La sociologie de l'éducation a pour objet principal d'étude les relations qu'entretient l'école avec la société globale, la structure scolaire elle-même, les propriétés dynamiques de la famille vis-à-vis de l'école, le devenir des élèves et l'école en tant qu'agent de mobilité sociale (Mc Master, 1973). Dans le domaine de l'éducation des handicapés mentaux, les recherches sociologiques sont encore très rares. A côté des travaux ayant analysé la structure familiale des handicapés mentaux (voir Lambert et Rondal, 1980, pour une revue de la littérature sur les familles d'enfants mongoliens), il existe plusieurs études centrées sur le rôle joué par le système scolaire spécialisé (King et al., 1971; Apter, 1977). Récemment, Lautrey (1980) a précisé les relations existant entre la classe sociale, le milieu familial et les capacités cognitives d'enfants issus de couches sociales différentes. Nous recommandons la lecture de cet ouvrage à quiconque est confronté aux problèmes d'enfants appelés «retardés socioculturels». Le phénomène de l'étiquetage est un autre champ d'études fortement influencé par l'analyse sociologique. Il y a tout lieu de croire que les thèses actuelles prônant l'intégration des handicapés mentaux dans la société s'accompagneront d'un essor de la sociologie dans le domaine du handicap mental. Ce sera tout profit pour l'éducation spécialisée qui, jusqu'à présent, a eu trop tendance à vivre en vase clos, à l'abri des réalités sociales.

La médecine. Nous ne nous attarderons pas sur la nécessité qu'il y a d'inclure cette discipline dans la constellation des sciences fournissant des éléments à la construction d'une théorie éducative pour les handicapés mentaux. Le rôle de la médecine ne doit cependant pas être hypertrophié. S'il est incontestable que les progrès des sciences médicales se marquent par une identification de plus en plus importante des causes organiques du handicap, cette réalité reste toutefois limitée à certaines catégories de sujets. De nombreux déterminants du handicap mental, soit ne sont pas encore connus, soit échappent au champ d'investigation de la médecine. C'est particulièrement le cas du handicap mental léger. A aucun moment les sciences médicales ne supplanteront l'éducation dans la prise en charge des sujets handicapés mentaux.

La politique et l'économie. Ignorer l'importance des données politiques et économiques dans la planification éducative équivaut très souvent à élaborer des systèmes coupés de la réalité dans laquelle ils doivent s'insérer. Il ne suffit pas de proclamer le droit à l'éducation pour les handicapés mentaux. Il convient également de s'assurer de la manière dont ce droit peut s'exercer dans la politique générale d'un pays ou d'une région, et si sa concrétisation rencontre une réalité économique. Les décisions dictant l'application d'un système éducatif plutôt qu'un autre ou la construction de structures nouvelles n'appartiennent pas exclusivement aux sciences psychologiques ou médicales. De telles décisions sont étroitement dépendantes de considérations socio-politiques qu'il importe d'analyser. L'influence des facteurs politiques et économiques s'exerce de multiples façons, de la recherche épidémiologique servant à prévoir les besoins de la société pour ses membres les plus défavorisés, à la mise en place d'une campagne d'information requérant l'accès aux media, journaux, radio et télévision. Toute théorie destinée à fixer les objectifs et les moyens éducatifs doit tenir compte de ces impératifs.

Les bases sur lesquelles repose une théorie éducative pour les handicapés mentaux sont multiples et complexes. Si certaines sciences sont à même d'offrir actuellement des éléments constructifs, d'autres, en revanche, n'ont pas encore effectué leur entrée dans le handicap mental. Point de convergence de nombreuses disciplines scientifiques et, en conséquence, tributaire de leurs progrès, l'éducation spécialisée est en route vers la recherche de ses bases conceptuelles.

La liaison nécessaire entre la théorie et la pratique doit se concrétiser dans l'opérationalisation des concepts. Comme l'indique la figure 29, la mise en place d'un programme éducatif exige la prise en considération des fins et des objectifs, généralement définis par la théorie, et de méthodes centrées sur les deux dimensions du processus éducatif: l'évaluation et l'intervention. Trois variables gouvernent l'opérationalisation: l'élève, en tant qu'individu, l'enseignant, et les interactions entre ces deux personnes.

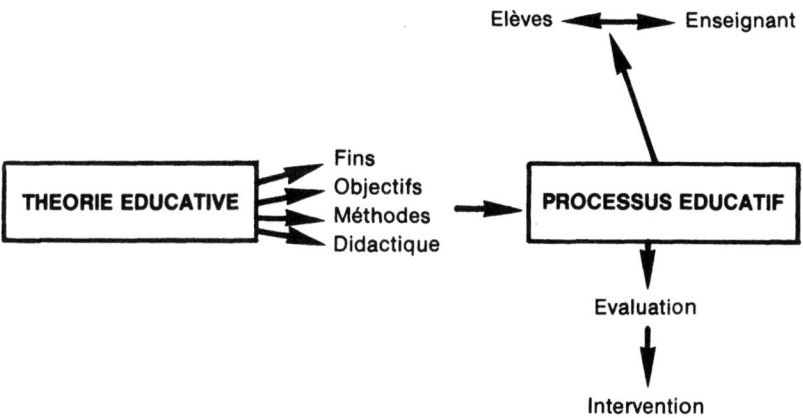

Figure 29. Opérationalisation de la théorie.

Nous avons longuement abordé ces problèmes dans les deux chapitres précédents. Au niveau de la planification de l'enseignement, la démarche générale d'intervention peut être représentée sous la forme d'un modèle tel que celui de la figure 30. Chaque étape de ce modèle pose les fondements de l'élaboration des programmes de formation pour les enseignants spécialisés.

2. LA FORMATION DES ENSEIGNANTS

Prétendre que dans la formation des enseignants spécialisés «un problème délicat se pose quant à l'équilibre entre une formation polyvalente et une initiation spécifique» (De Land-

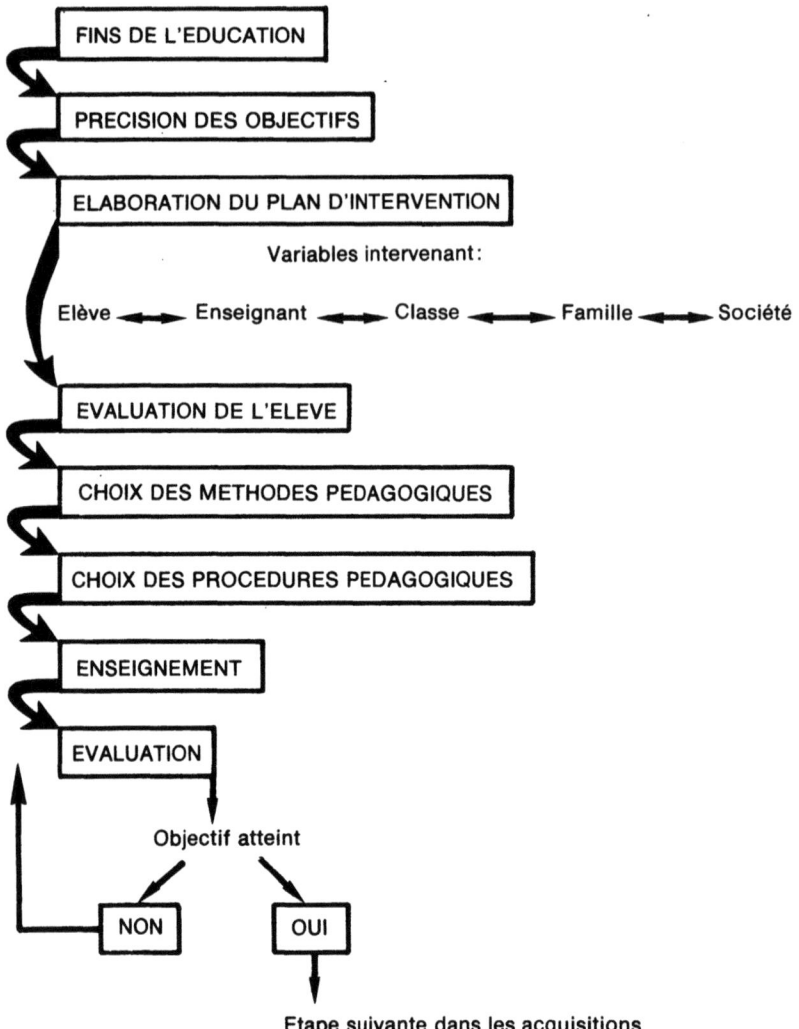

Figure 30. La planification de l'enseignement.

sheere, 1976, p. 171), est une chose. Concrétiser ces objectifs au niveau de la formation en est une autre au sujet de laquelle les autorités pédagogiques demeurent souvent silencieuses. Dans bon nombre de régions, l'enseignement spécial reste le parent pauvre de l'enseignement et intéresse peu ceux qui ont la responsabilité de planifier la formation des enseignants. La Belgique et la France sont particulièrement en retard dans la formation des enseignants spécialisés, surtout lorsque l'on envisage les réalisations de pays comme la Hollande, la Suisse et l'Allemagne. Ce ne sont pas les modèles qui font défaut, mais bien la volonté politique de les appliquer. Il est certain que l'implantation d'une véritable formation est soumise à des impératifs économiques importants. En Belgique, nous avons eu l'occasion de participer à l'élaboration de plusieurs avant-projets de formation pour les enseignants spécialisés. Toutes ces tentatives ont avorté, non parce qu'elles étaient utopiques, mais parce qu'elles heurtaient, dès le départ, le sacro-saint équilibre dicté par certaines instances, notamment les syndicats. « Si vous formez des enseignants spécialisés, il va falloir adapter leurs salaires en conséquence. Dans ce cas, les syndicats s'opposeront à la mise en place d'une dichotomie salariale entre les enseignants du traditionnel et ceux du spécial », tel a été le leitmotiv avancé. Et il est clair que la crise économique actuelle ne facilitera pas, à moyen terme, l'adoption de mesures impliquant des dépenses supplémentaires. Déjà en période de haute conjoncture, les handicapés mentaux sont laissés pour compte lors de la répartition des richesses. Que dire dès lors de leur statut durant la récession, aggravé par le fait qu'ils ne peuvent, eux, avoir accès aux prérogatives et privilèges syndicaux...

Plusieurs pays ont cependant compris la nécessité d'une formation au plus haut niveau pour les enseignants du spécial, en supportant les incidences budgétaires d'une telle situation. Après avoir envisagé les fondements de la formation, nous présenterons un modèle en vigueur dans la Suisse romande.

Toute formation poursuit des objectifs. Comme l'écrivent Chatelanat et Meienberger (1977), trois questions fondamentales guident la formulation des objectifs:
- Quelles sont les connaissances et les compétences dont doit être doté un enseignant spécialisé pour mener à bien sa tâche?
- Quels sont les éléments et les méthodes de la pédagogie spéciale indispensables à son bagage?

- Quelles sont les qualités personnelles requises ?

Nous ne nous étendrons pas sur les nombreuses interprétations que suscitent inmanquablement les réponses à ces questions. En règle générale, tous les documents consacrés à la formation des enseignants dépassent rarement le stade du constat des divergences d'opinion témoignée par les membres d'une commission chargée d'étudier le problème. Nous laisserons donc à chacun le droit d'exprimer un avis, tout en précisant que les objectifs doivent procéder d'une analyse incluant trois domaines fondamentaux : la pédagogie spéciale en tant que discipline scientifique, l'activité professionnelle de l'enseignant et les exigences de la société auxquelles doit répondre la fonction.

Schématiquement, la formation des enseignants spécialisés peut être représentée dans un espace à trois dimensions : le contenu, les orientations et les modalités (voir la figure 31).

Le contenu

La formation doit être à la fois théorique et pratique, ces deux aspects étant interdépendants. Au niveau *théorique*, le programme d'études doit comporter une formation scientifique pluridisciplinaire aux modèles de base expliquant le handicap : cognitifs, psycho-affectifs, médico-biologiques et socioculturels. Cette formation ne peut être monolithique, aucun modèle ne permettant à lui seul de rendre compte des handicaps, le déterminisme étant nécessairement de nature interactionniste. Après l'intégration de cette phase théorique générale, il est nécessaire d'aborder les fondements psychopédagogiques et notamment la connaissance des processus d'apprentissage, la détermination des objectifs, l'étude des méthodologies et des didactiques spécialisées. Au niveau des méthodes, la diversification est la règle de base ; l'impérialisme intellectuel engendré par une formation unidirectionnelle s'exerce aux dépens des capacités d'adaptation des enseignants et, en définitive, au détriment des élèves. Sur le plan *pratique*, la formation doit s'organiser en fonction des différents champs d'activités et en

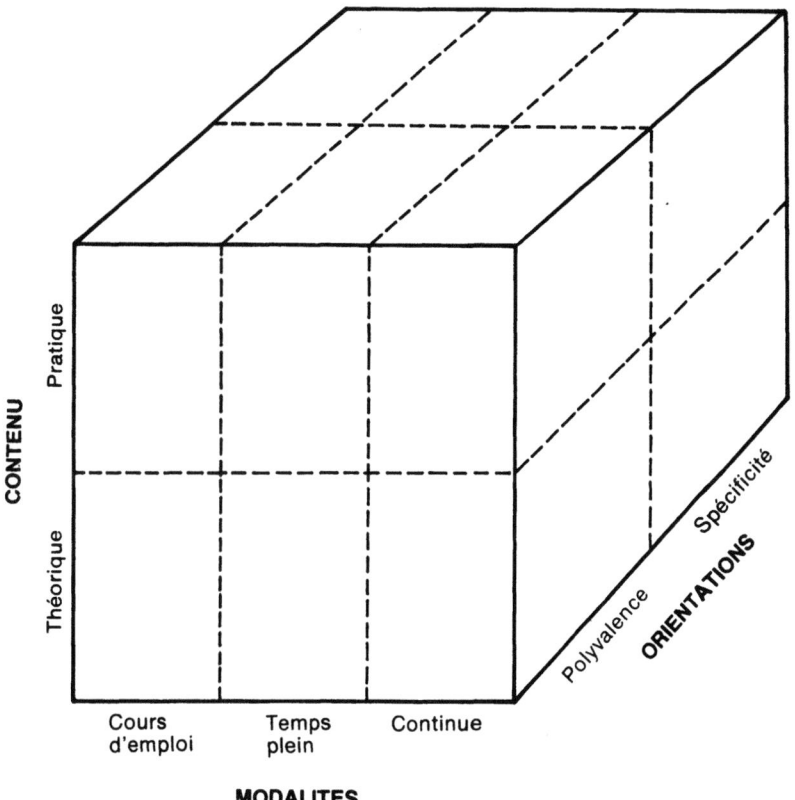

Figure 31. Schéma de la formation.

correspondance étroite avec les acquis théoriques. Consistant au départ en une familiarisation aux enfants handicapés mentaux et aux types de classes spéciales, la pratique doit aborder, au stade suivant, l'expérience directe de la classe sous la supervision d'enseignants hautement qualifiés (classes d'application, stages de durée limitée avec correction immédiate, etc.), puis, dans un troisième temps, permettre au candidat de prendre de plus en plus de responsabilités et d'autonomie au sein de diverses classes spéciales. Un point particulier de contenu sur lequel nous jugeons utile d'insister est celui de la formation à la lecture et à l'analyse des textes scientifiques. Les liaisons entre les données de la recherche et leur utilisation dans la pédagogie spéciale est indispensable, sous peine de voir se creuser davantage le fossé existant dans le domaine du handicap mental entre les chercheurs et les praticiens (voir les recommandations de l'Unesco, 1973).

Le contenu de la formation doit être axé sur les deux dimensions indissociables de tout processus éducatif: l'évaluation et l'intervention.

Les orientations

Polyvalence et *spécificité* sont les exigences de toute formation moderne. L'enseignement spécial n'échappe pas à cette règle. L'évolution des idées sur la prise en charge des enfants handicapés mentaux et la fluctuation du nombre de handicapés présents dans une société ne permettent pas d'axer une formation entière sur une catégorie déterminée. De plus, nul ne peut soutenir qu'une classe d'enfants handicapés mentaux regroupe des élèves de niveaux identiques, tous coulés dans le même moule sur le plan comportemental et cognitif. Ne perdons pas de vue également que l'intégration élargit considérablement l'horizon des préoccupations pédagogiques en regroupant des enfants normaux et handicapés au sein des mêmes classes. Toute formation doit être suffisamment souple pour permettre à l'enseignant de s'adapter aux modifications de sa classe et à la diversité des élèves dont il a la responsabilité. L'enseignant spécialisé doit être un «spécialiste polyvalent» dont la compétence s'exerce à la fois au niveau de la prise en charge individualisée des enfants et sur le plan de l'organisation et du contenu de son enseignement.

Les modalités

Deux aspects doivent être traités simultanément dans la construction des programmes de formation:
- *la formation proprement dite,* aboutissant à la reconnaissance du titre d'enseignant spécialisé, à l'obtention du di-

plôme, première étape de la qualification professionnelle. Selon les régions et les besoins, cette formation se réalise à temps plein, généralement après les études secondaires, ou en cours d'emploi, les enseignants exerçant déjà leurs fonctions dans une classe;

- *la formation continue*. Nous ne nous étendrons pas sur la nécessité impérieuse d'une formation continue dictée par les exigences d'une société moderne et l'évolution permanente des connaissances dans le domaine du handicap mental. Les modalités prises par ce recyclage sont multiples. Généralement, ce sont les enseignants eux-mêmes, après quelques années de pratique, qui réclament et organisent leur formation continue avec l'appui des structures dans lesquelles ils ont reçu leur diplôme.

Un aspect de la fonction d'enseignant est rarement soulevé. Il concerne la possibilité de changer de système d'enseignement après quelques années de pratique dans le spécial. Nous pensons que les structures administratives scolaires devraient permettre aux enseignants qui en expriment le souhait de quitter temporairement l'enseignement spécial pour exercer leur profession dans des classes régulières. Cette initiative revêt un double avantage. D'une part, un passage dans l'enseignement traditionnel assure un prise de contact directe avec des enfants différents, ne présentant pas de sérieux problèmes d'apprentissage, favorise la référence à la normalité et permet ainsi de procéder à des ajustements pédagogiques chez les enfants handicapés mentaux. D'autre part, la constitution psychologique des enseignants spécialisés est constamment soumise à rude épreuve, à l'intérieur et en dehors des classes spéciales. Certains s'accommodent de cette situation. D'autres éprouvent après quelques années le besoin de «souffler», de «changer d'air». Le passage dans une classe régulière serait pour ces enseignants un moyen d'atténuer les tensions induites par la confrontation permanente avec le monde du handicap. Selon nous, l'enseignement spécial et surtout les handicapés mentaux seraient les premiers bénéficiaires de cette pratique.

Ajoutons enfin que tout programme de formation, aussi complet soit-il, est insuffisant en lui-même pour garantir la qualité de l'enseignement. Par-delà les objectifs et les méthodes, il y a les enseignants, chacun avec sa personnalité. Nous prétendons que la formation théorique et pratique reçue ne constitue qu'une base pour la pédagogie, une sorte d'arrière-plan référentiel utile et indispensable à acquérir, mais devant être doublé d'une formation personnelle. Cette formation se caractérise dans le domaine du handicap mental par l'ouverture aux élèves, la tolérance et la compréhension de l'anormalité, dans une attitude permanente de recherche et de perfectionnement personnels. Cette manière d'être constitue en fait le prérequis pour tout enseignant spécialisé.

La Suisse romande offre plusieurs programmes de formation pour enseignants spécialisés illustrant le schéma que nous venons d'esquisser. S'il existe des modalités d'application différentes entre les programmes, celles-ci ne concernent généralement que des aspects secondaires comme par exemple le nombre d'heures de stages pratiques. La structure globale est identique dans les cinq centres de formation. Neuchatel, Lausanne et le Valais assurent une formation en cours d'emploi, d'une durée minimale de deux ans, ou environ 1.200 heures de cours et stages. Un diplôme d'enseignant est donc la condition préalable à l'entrée en formation. A Fribourg, la formation est à temps plein. Genève propose un système mixte. Nous présentons ci-dessous les grandes lignes du programme de l'Institut de Pédagogie curative de l'Université de Fribourg. Ce choix n'implique nullement un jugement sur la valeur des programmes mis en place dans les autres centres. Le lecteur désireux de connaître par le détail les autres formations s'adressera au Secrétariat Suisse de Pédagogie curative (Löwenstrasse, 5. CH-6004, Lucerne).

Depuis 1980, le prérequis à l'entrée à l'Institut de Pédagogie curative de l'Université de Fribourg est l'obtention du diplôme d'instituteur de l'enseignement régulier *et* 9 mois de pratique de l'enseignement dans une classe. La durée de la formation d'enseignant spécialisé est de trois ans, se répartissant comme suit :
- deux années de formation théorique et pratique à l'Institut suivies d'une année de stage probatoire dans une classe spé-

ciale (Stage supervisé par un enseignant spécialisé en fonction et par les responsables de l'Institut).

Le diplôme d'enseignant spécialisé n'est délivré qu'après la réussite de ces trois années.

Les deux années de formation théorique et pratique se déroulent comme suit:

Premier semestre : Cours théoriques (psychologie, développement, diagnostic, philosophie, psychopédagogie des handicapés, psychopathologie, séminaires de didactique) et pratiques (initiation aux différentes méthodes spécialisées: psychomotricité, Areram, Le Boulch, Affolter, travaux manuels). Les étudiants ont en plus la possibilité d'organiser des cours spéciaux sur les sujets qui les intéressent (la motivation des élèves, la pratique des disciplines artistiques dans l'enseignement spécial, etc.). Le premier semestre se clôture par une familiarisation aux différents types d'écoles spéciales (visites, stages d'une journée).

Second semestre. Cours théoriques et pratiques, comme pour le semestre précédent.

Stage de huit semaines dans une classe d'enseignement spécial.

Réalisation d'un travail personnel de recherches dans un domaine de la pédagogie spéciale.

Troisième semestre. Cours théoriques et pratiques: psychopédagogie des handicaps, évaluation des élèves, méthodes d'observation, modification du comportement, méthodologies des disciplines scolaires, didactique spéciale, psychomotricité, initiation pratique aux méthodes spécialisées, et cours spéciaux organisés par les étudiants.

Classe d'application (une demi-journée par semaine), durant le troisième semestre, sous la supervision d'enseignants spécialisés.

Réalisation du travail de diplôme: mémoire traitant d'un problème de méthodologie et de didactique spéciales.

Quatrième semestre. Cours théoriques et pratiques, comme pour le semestre précédent. Achèvement du travail de diplôme.

Examens finaux avant l'entrée dans l'année de stage pratique.

La formation continue des enseignants spécialisés est assurée notamment par les autorités responsables de l'enseignement spécial cantonal. Des possibilités sont également offertes au sein de l'institut de Pédagogie curative.

Certains nous ont souvent reproché le fait de multiplier les références aux ouvrages anglo-saxons et à ne considérer comme valides que les expériences implantées en Angleterre et aux Etats-Unis. Nous leur avons rétorqué que nous étions prêt à nous inspirer de toute autre source pourvu qu'elle soit de qualité. Cette fois, nous espérons que ces personnes se rendront à l'évidence qu'il existe, près de la Belgique et de la France, une région d'expression francophone où le problème de la formation est, sinon définitivement réglé, du moins abordé et planifié avec des moyens à la hauteur des tâches qui attendent les enseignants chargés de l'éducation des enfants handicapés mentaux.

Il n'y a pas de conclusion...

Arrivé au terme de l'ouvrage, et comme il sied généralement à toute entreprise de ce genre, nous avons cru possible de tirer des conclusions. Nous nous sommes rapidement rendu compte que semblable démarche équivalait à réécrire le livre. En effet, il est impossible de conclure là où il n'y a guère de données tangibles, mais des positions de principe, où les faits empiriques fournissent une partie seulement des bases à une réflexion constructive. Le domaine de l'enseignement spécial ne pourrait souffrir de conclusions car, dans de nombreuses régions, il n'a pu prendre un essor véritable. Enseignement traditionnel au rabais ou enseignement spécifique? Cour des miracles du traditionnel ou système éducatif cohérent destiné à éduquer des êtres moins favorisés? Refuge de l'incompétence éducative ou domaine de prédilection des meilleurs enseignants? Cul-de-sac pour les élèves ou préparation à la vie? Actuellement, l'enseignement spécial est tout cela à la fois. Au-delà de son aspect scolaire, le problème de l'enseignement spécial est celui de la société toute entière et de son attitude face aux handicapés mentaux. Ces personnes handicapées ne nous ont jamais donné leurs impressions sur la manière dont elles perçoivent les soi-disant normaux. Peut-être cela nous arrange-t-il de ne pas les écouter...

Recherche et formation sont les deux grandes dimensions sur lesquelles doivent s'articuler les efforts de toutes les personnes impliquées dans l'enseignement spécialisé. Recherches sur la validité des objectifs et des contenus, sur les bénéfices et les limites de l'intégration, sur les processus d'apprentissage et le devenir des handicapés mentaux. Formation à tous les échelons, en combinant les exigences de la fonction d'enseignant dans les classes spéciales aux besoins d'une société en constante évolution.

Dans le domaine du handicap mental, les dix prochaines années seront celles du défi lancé par l'implantation d'un enseignement spécialisé digne de ce nom.

Bibliographie

Chapitre 1

AJURIAGUERRA, J. DE. *Manuel de psychiatrie de l'enfant*. Paris: Masson, 1971.
BINET A. *Les enfants anormaux*. Paris: Armand Colin, 1907
GROSSMAN, H.J. *Manual on terminology and classification in mental retardation*. Washington, D.C.: American Association on Mental Deficiency, 1973.
HAEBERLIN, H. *Einführung in die Heilpädagogik*. Fribourg: Institut de Pédagogie curative de l'université de Fribourg, 1980.
LAMBERT, J.L. *Introduction à l'arriération mentale*. Bruxelles: Mardaga, 1978.
MERY, J. *Pédagogie curative scolaire et psychanalyse*. Paris: Editions E.S.F., 1978.
MIRABAIL, M. *La débilité mentale de l'enfant*. Paris: Privat, 1979.
MOOR, L. Histoire de la pédagogie curative ou spéciale. *Revue de Neuropsychiatrie infantile*, 1977, *25*, 603-616.
ROBINSON, N.M. & ROBINSON, H.B. *The mentally retarded child. Second edition*. New York: Mc Graw-Hill, 1976.
ZAZZO, R. *Les débilités mentales*. Paris: Armand Colin, 1969.

Chapitre 2

AANES, D. & HAAGENSON, L. Normalization: Attention to a conceptual disaster. *Mental Retardation*, 1978, *16*, 55-56.
BUDOFF, M. & GOTTLIEB, J. Special-class EMR children mainstreamed: a study of an aptitude (learning potential) X treatment interaction. *American Journal of Mental Deficiency*, 1976, *81*, 1-11.
BUDOFF, M. & SIPERSTEIN, G.N. Low-income children's attitudes toward mentally retarded children: effects of labelling and academic behavior. *American Journal of Mental Deficiency*, 1977, *82*, 474-479.

BRADFIELD, R.H., BROWN, J., KAPLAN, P., RICKERT, E. & STANNARD, R., The special child in the regular classroom. *Exceptional Children,* 1973, *39,* 384-390.

CANTRELL R.P. & CANTRELL, M.L. Preventive mainstreaming: impact of a supportive services program on pupils. *Exceptional Children:* 1976, *42,* 381-389.

CAVALLARO S.A. & PORTER, R.H. Peer preferences of at-risk and normally developing children in a preschool mainstream classroom. *American Journal of Mental Deficiency,* 1980, *84,* 357-366.

CORMAN, L. & GOTTLIEB, J. Mainstreaming mentally retarded children: a review of research. In N.R. Ellis (Ed.), *International review of research in mental retardation.* New York: Academic Press, 1978, pp.251-276.

DUNN M. Special education for the retarded: Is much of it justifiable? *Exceptional Children:* 1968, *35,* 5-22.

FLYNN T.M. Ratings of educable mentally handicapped students by regular and special teachers. *Exceptional Children,* 1978, *44,* 539-542.

FOLEY J.M. Effect of labeling and teacher behavior on children's attitudes. *American Journal of Mental Deficiency,* 1979, *83,* 380-384.

GALLAGHER, J.J. The sacred and profane uses of labeling. *Mental Retardation,* 1976, *14,* 6, 3-7.

GICKLING, E.E. & THEOBALD, J.T. Mainstreaming: affect or effect. *Journal of special Education,* 1975, 9, 317-328.

GILLUNG, T.B. & RUCKER, C.N. Labels and teacher expectations. *Exceptional Children,* 1977, *43,* 464-467.

GOTTLIEB, J. & BUDOFF, M. Social acceptability of retarded children in nongraded schools differing in architecture. *American Journal of Mental Deficiency,* 1973, *78,* 15-19.

GOTTLIEB, J. & DAVIS, J.E. Social acceptance of EMRs during overt behavioral interaction. *American Journal of Mental Deficiency,* 1973, *78,* 141-143.

GUERIN G.R. & SZATLOCKY, K. Integration programs for the mildly retarded. *Exceptional Children,* 1974, *41,* 173-180.

GUSKIN, S.L. Theoretical and empirical strategies for the study of the labeling of mentally retarded persons. In N.R. Ellis (Ed.), *International review of research in mental retardation, Vol. 9.* New York: Academic Press, 1978, pp. 127-158.

HARING, N.G. & KRUG, D.A. Placement in regular programs: procedures and results. *Exceptional Children,* 1975, *41,* 413-416.

IANO, R.P., AYERS, D., HELLER, H.B., McGETTIGAN, H.F. & WALKER, V.S. Sociometric status of retarded children in an integrative program. *Exceptional Children,* 1975, *40,* 267-271.

KAUFMAN, M.E. & ALBERTO, P.A. Research on efficacy of special education for the mentally retarded. In N.R. Ellis (Ed.), *International review of research in mental retardation, Vol. 8.* New York: Academic Press, 1976, pp. 225-255.

KURTZ, P.D., HARRISON, M., NEISWORTH, J.T. & JONES, R.T. Influence of «Mentally Retarded» label on teacher's nonverbal behavior toward preschool children. *American Journal of Mental Deficiency*, 1977, *82*, 204-206.

LAMBERT J.L. L'enseignement spécial pour arriérés mentaux aux Etats-Unis. *Cahiers du CEDES*, 1975, *1*, 36-42.

LAMBERT J.L. *Introduction à l'arriération mentale.* Bruxelles: Mardaga, 1978.

LAMBERT J.L. Pourquoi un enseignement spécial pour les arriérés mentaux? Première partie: arguments sociologiques et éthiques. *Bulletin de Psychologie Scolaire et d'Orientation*, 1979, *2*, 89-93 (a).

LAMBERT J.L. Pourquoi un enseignement spécial pour les arriérés mentaux? Deuxième partie: arguments psychopédagoqiques. *Bulletin de Psychologie Scolaire et d'Orientation*, 1979, *2*, 95-99 (b).

LEWIS M.A. Comparison of self-concept, academic achievement, attitude toward school and adaptative behavior of elementary school children identified as educable mentally retarded in four different school environments. Unpublished doctoral dissertation, University of Michigan, 1973.

MAC MILLAN, D.L. Issues and trends in special education. *Mental Retardation*, 1973, *11*, 3-8.

MAC MILLAN, D.L., JONES, R.L. & ALOIA, G.F. The mentally retarded label: a theoretical analysis and review of research. *American Journal of Mental Deficiency*, 1974, *79*, 241-246.

MEYERS, C.E., MAC MILLAN, D.L. & YOSHIDA, R.K. *Correlates of success in transition of MR to regular class.* Pomona, Cal.: Department of Health, Education and Welfare, 1975.

MONROE J.D. & HOWE, C.E. The effects of integration and social class on the acceptance of retarded adolescents. *Education and Training of the Mentally Retarded*, 1971, *6*, 20-23.

PAYNE R. & MURRAY, C. Principals' attitudes toward integration of the handicapped. *Exceptional Children*, 1974, *41*, 123-125.

RESCHLY D.J. & LAMPRECHT, M.J. Expectancy effects of labels: fact or artifact? *Exceptional Children*, 1979, *46*, 55-58.

RONDAL J.A. Problèmes éthiques et théoriques liés à l'identification et à la ségrégation éducative des arriérés mentaux non organiques. *Les Feuillets Psychiatriques de Liège*, 1976, *9*, 393-410.

SEITZ, S. & GESKE, D. Mother's and graduate trainees' judgments of children: some effects of labelling. *American Journal of Mental Deficiency*, 1977, 81, 362-370.

SEVERANCE L.T. & GASSTROM, L.L. Effects of the label «Mentally Retarded» on causal explanations for success and failure outcomes. *American Journal of Mental Deficiency*, 1977, *81*, 547-555.

SHOTEL, J.R., IANO, R.P. & McGETTIGAN, J.F., Teacher attitudes associated with the integration of handicapped children. *Exceptional Children*, 1972, *38*, 677-683.

STRICHART, S.S. & GOTTLIEB, J. Imitation of retarded children by their nonretarded peers. *American Journal of Mental Deficiency*, 1975, *79*, 506-512.

WALKER V.S. The efficacy of the ressource room for educating retarded children. *Exceptional Children,* 1974, *40*, 288-289.

Chapitre 3

AANES, D. & HAAGGENSON, L. Normalization: attention to a conceptual disaster. *Mental Retardation,* 1978, *16*, 55-56.
KAUFMAN, M.E. & ALBERTO, P.A. Research on efficacy of special education for the mentally retarded. In N.R. Ellis (Ed.), *International review of research in mental retardation, Vol. 8,* New York: Academic Press, 1976, pp. 225-255.
LAMBERT J.L. & RONDAL, J.A. *Le mongolisme.* Bruxelles: Mardaga, 1980.
MAC MILLAN, D.L., JONES R.L. & MEYERS, C.E. Mainstreaming the mildly retarded. *Mental Retardation,* 1976, *14*, 3-10.
MANNONI, M., *Un lieu pour vivre.* Paris: Seuil, 1976.
ROGERS, C. *Liberté pour apprendre.* Paris: Dunod, 1972.
WATZLAWICK, P., HELMICK-BEAVIN, J. & JACKSON, D., *Une logique de la communication.* Paris: Seuil, 1972.

Chapitre 4

BENDER M. & VALLETUTTI, P.J. *Teaching the moderately and severely handicapped.* Baltimore: University Park Press, 1976 (3 volumes).
BLOOM B.S. & collaborateurs. *Taxonomie des objectifs pédagogiques. I. Domaine cognitif.* Montréal: Education Nouvelle, 1969.
BURTON T.A. & HIRSHOREN, A. The education of severely and profoundly retarded children: Are we sacrificing the child to the concept? *Exceptional Children,* 1979, *45*, 598-603.
CHATELANAT G. & BRINKER, R.P. *Normative and conceptual developmental models: distinctions for special education preschool programs.* Preprint, 1981.
CHATELANAT, G. & SCHOGGEN, M. Issues encountered in devising an observation system to assess spontaneous infant behavior-environment interactions. In J. Hogg & P. Mittler (Eds.), *Advances in mental handicap research (Vol. 1).* Chichester: John Wiley, 1980, pp. 55-79.
COHEN M.A. & GROSS, P.J. *The development ressource: behavioral sequences for assessment and program planning.* New York: Grune & Stratton, 1979.
CUNNINGHAM C.C. The relevance of «normal» educational theory and practice for the mentally retarded. In J. Tizard (Ed.), *Mental retardation: concepts of education and research.* London: Butterworths, 1974, pp. 47-56.
DE LANDSHEERE, V. & DE LANDSHEERE, G. *Définir les objectifs de l'éducation.* Liège: Thone, 1975.
ELLIS, N.R. Memory processes in retardates and normals. In N.R. Ellis (Ed.), *International review of research in mental retardation, Vol 4.* New York: Academic Press, 1970.

HAMELINE D. *Les objectifs pédagogiques en formation initiale et en formation continue.* Paris: Editions E.S.F., 1979.
HOOG, J. Normative development and educational programme planning for severely educationally subnormal children. In C.C. Kiernan and F.P. Woodford (Eds.), *Behavior modification with the severely retarded.* Oxford: Associated Scientific Publishers, 1975.
JOHNSON, M. & WERNER, R.A. *Guide progressif des acquisitions chez l'enfant handicapé mental.* Neuchâtel: Delachaux et Niestlé, 1980.
LAMBERT, J.L. *Introduction à l'arriération mentale.* Bruxelles: Mardaga, 1978.
LAMBERT J.L. *L'intervention précoce en arriération mentale.* Université de Liège: Rapport au Fonds de la Recherche Scientifique Fondamentale et Collective, 1979.
LAMBERT J.L. et DEFAYS, D., La compréhension d'expressions faciales chez des enfants normaux et handicapés mentaux. *Revue Suisse de Psychologie Pure et Appliquée,* 1978, *3*, 216-224.
MAGER, R.F., *Comment définir les objectifs pédagogiques?* Paris: Bordas, 1972.
MAC MASTER, J.McG. *Toward an educational theory for the mentally handicapped.* London: Arnold, 1973.
RONDAL, J.A. & LAMBERT, J.L. *Langage et communication en arriération mentale: théorie, évaluation, intervention.* 1981 (à paraître).
SONTAG, E., CETO, N. & BUTTON, J.E. The education of the severely and profoundly handicapped and a doctrine of limitations. *Exceptional Children,* 1979, *45*, 604-617.
SWITZKY, H., ROTATORI, A.F., MILLER, T. & FREAGON, S. The developmental model and its implications for assessment and instruction for the severely/profoundly handicapped. *Mental Retardation,* 1979, *17*, 167-170.
ZEAMAN, D. & HOUSE, B.J. The role of attention in retardate discrimination learning. In N.R. Ellis (Ed.), *Handbook of Mental Deficiency.* New York: Mc Graw-Hill, 1963.

Chapitre 5

BROOKS, P.M. & BAUMEISTER, A.A. A plea for consideration of ecological validity in the experimental psychology of mental retardation. *American Journal of Mental Deficiency,* 1977, *81*, 407-416.
CARR, R.A. Goal attainment scaling as a useful tool for evaluating progress in special education. *Exceptional Children,* 1979, *46*, 88-97.
CANTRELL, R. & CANTRELL, M.L. Ecological problem solving: a decision making heuristic for prevention-intervention education strategies. In J. Hogg & P.J. Mittler (Eds.), *Advances in mental handicap research, Vol. 1.* Chichester: John Wiley, 1980, pp. 267-301.
CHARLES C.M. *Individualizing instruction.* St Louis: Mosby Company, 1976.
DUFFEY, J.B. & FEDNER, M.L. Educational diagnosis with instructional use. *Exceptional Children,* 1978, *44*, 246-253.

DUNN, L. *Exceptional children in schools (second edition)*. New York: Holt, 1973.
EBEL, R.L. Evaluation and educational objectives. *Journal of Educational Measurement*, 1973, *10*, 273-279.
FLYNN, R.J. Mental ability, schooling, and early career achievement of low-IQ and average-IQ young men. *American Journal of Mental Deficiency*, 1980, *84*, 431-443.
FROSTIG, M. Testing as a basis for educational therapy. *Journal of Special Education*, 1967, *2*, 15-34.
GARRETT, J.E. & BRAZIL, N. Categories used for identification and education of exceptional children. *Exceptional Children*, 1979, *45*, 291-294.
GLASER, R. Instructional technology and the measurement of learning outcomes: some questions. In W.J. Popham (Ed.), *Criterion-referenced measurement*. Englewood Cliffs, N.J.: Educational Technology Publications, 1971.
JENKINS, J.R. & PANY, D. Standardized achievement tests: How useful for special education? *Exceptional Children*, 1978, *44*, 448-456.
LAMBERT, J.L. L'enseignement spécial pour arriérés mentaux aux Etats-Unis. *Cahiers du CEDES*, 1975,*1*, 36-42.
LAMBERT, J.L. *Introduction à l'arriération mentale*. Bruxelles: Mardaga, 1978.
LAMBERT, J.L. *Echelle d'évaluation du langage dans l'enseignement spécial*. Université de Liège: Rapport au Fonds de la Recherche Scientifique Fondamentale et Collective, 1979 (a).
LAMBERT, J.L. *Echelle d'évaluation pour l'enseignement spécial primaire. Forme expérimentale*. Université de Liège: Rapport au Fonds de la Recherche Scientifique Fondamentale et Collective, 1979 (b).
LAMBERT, J.L. L'éducation scolaire des handicapés mentaux. In J.A. Rondal & M. Hurtig (Eds.), *Manuel de psychologie de l'enfant*. Bruxelles: Mardaga, 1981.
LAYCOCK, V.K. Assessing learner characteristics. In R.M. Anderson, J.G. Greer & S.J. Odle (Eds.), *Individualizing educational materials for special children in the mainstream*. Baltimore: University Park Press, 1978, pp. 29-55.
LIDZ, C.S. Criterion referenced assessment: the new bandwagon? *Exceptional Children*, 1979, *46*, 131-132.
MAGEROTTE, G. L'évaluation du comportement adaptatif des écoliers arriérés mentaux. *Revue de Neuropsychiatrie Infantile*, 1976, *24*, 127-150.
MAGEROTTE, G. *Echelles de comportement adaptatif*. Bruxelles: Editest, 1978.
MAGEROTTE, G. & FONTAINE, P.J. *Inventaire des progrès de développement social. Formes 1 et 2*. Bruxelles: Association Nationale d'Aide aux Handicapés Mentaux, 1972.
SPARROW, S.S. & CICCHETTI, D.V. Behavior rating inventory for moderately, severely, and profoundly retarded persons. *American Journal of Mental Deficiency*, 1978, *82*, 365-374.

YSSELDYKE, J.E. & SALVIA, J. Diagnostic-prescriptive teaching: two models. *Exceptional Children*, 1974, *41*, 181-186.

Chapitre 6

AFFOLTER, F. & STRICKER, E. (Eds.), *Perceptual processes as prerequisites for complex human behavior*. Bern: Hans Huber, 1980.
BANDURA, A. *L'apprentissage social*. Bruxelles: Mardaga, 1980.
BENDER, M., VALLETUTTI, P.J. & BENDER, R. *Teaching the moderately and severely handicapped*. Vol. 3. Baltimore: University Park Press, 1976.
BEVERIDGE, M. Patterns of interaction in the mentally handicapped. In P. Berry (Ed.), *Language and communication in the mentally handicapped*. London: Arnold, 1976, p. 142-160.
BEVERIDGE, M. & BERRY, P. Observing interaction in the severely handicappel. *Research in Education*, 1977, *17*, 13-22.
BEVERIDGE, M., SPENCER, J. & MITTLER, P. Language and social behaviour in severely educationnally subnormal children. *British Journal of Social and Clinical Psychology*, 1976, *17*, 75-83.
BLAND, E.L. Learning resource services for the handicapped. *Exceptional Children*, 1976, *43*, 161-164.
BREUNING, S.E. & REGAN, J.T. Teaching regular class material to special education students. *Exceptional Children*, 1978, *45*, 180-189.
CONN, P. & RICHARDSON, M. Approaches to the analysis of teacher language in the ESN(S) classroom. In P. Berry (Ed.), *Language and communication in the mentally handicapped*. London: Arnold, 1976, p. 129-141.
DOKE, L.A. & RISLEY, T.R. The organiation of day-care environments: Required vs. optional activities. *Journal of Applied Behavior Analysis*, 1972, *5*, 405-420.
ELLIS, P. *Analyse de jeux éducatifs dans l'enseignement spécial de Type II*. Mémoire de Licence, Université de Liège, 1980 (non publié).
FAYASSE, M. *Evaluation de quelques prérequis à la lecture chez des enfants handicapés mentaux modérés et sévères*. Liège, 1981 (manuscript).
FAVELL, J.E., FAVELL, J. & McGIMSEY, J.F. Relative effectiveness and efficiency of group vs. individual training of severely retarded persons. *American Journal of Mental Deficiency*, 1978, *83*, 104-109.
FINK, W. & SANDALL, S. One-to-one vs. group academic instruction with handicapped and nonhandicapped preschool children. *Mental Retardation*, 1978, *16*, 236-240.
FINK, W.T. & SANDALL, S.R. A comparison of one-to-one and small group instructional strategies with developmentally disabled preschoolers. *Mental Retardation*, 1980, *18*, 34-37.
FREDERIKSEN, L.W. & FREDERIKSEN, C.B. Experimental evaluation of classroom environments: scheduling planned activities. *American Journal of Mental Deficiency*, 1977, *81*, 421-427.

GAST, D.L. & NELSON, C.M. Time out in the classroom: implications for special education. *Exceptional Children*, 1977, *43*, 461-464.

GURALNICK, M.J. & BROWN, D. The nature of verbal interactions among handicapped and nonhandicapped preschool children. *Child Development*, 1977, *48*, 254-260.

GURALNICK, M.J. & BROWN, D. Functional and discourse analyses of nonhandicapped preschool children's speech to handicapped children. *American Journal of Mental Deficiency*, 1980, *84*, 444-454.

HAYDEN, A. & DMITRIEV, V. The multidisciplinary preschool program for Down's syndrome children. In B.Z. Friedlander, G.M. Sterritt & G.E. Kirk (Eds.), *Exceptional infant (Vol. 3)*. New York: Bruner-Mazel, 1975, p. 193-221.

HARRISS, W.J. & MANHAR, C. Problems in implementing resource programs in rural schools. *Exceptional Children*, 1975, *42*, 95-101.

HIRSHOREN, A. & BURTON, T.A. Teaching academic skills to trainable mentally retarded children: a study in tautology. *Mental Retardation*, 1979, *17*, 177-180.

HOY, E.A. & McKNIGHT, J.R. Communication style and effectiveness in homogeneous and heterogeneous dyads of retarded children. *American Journal of Mental Deficiency*, 1977, *81*, 587-598.

KELLETT, B. An initial survey of the language of ESN(S) children in Manchester: the results of a teachers' workshop. In P. Berry (Ed.), *Language and communication in the mentally handicapped*. London: Arnold, 1976, p. 66-83.

LAMBERT, J.L. Acquisition d'un comportement d'autonomie sociale chez deux enfants arriérés mentaux profonds. *Revue de Psychologie et des Sciences de l'Education*, 1974, *9*, 475-488.

LAMBERT, J.L. *Introduction à l'arriération mentale*. Bruxelles: Mardaga, 1978.

LAMBERT, J.L. Modification du Comportement et handicap mental. *Mosaïque*, 1979, *40 à 42*, 101-106 (a).

LAMBERT, J.L. Problèmes éthiques liés à l'utilisation des procédures de Modification du Comportement chez les handicapés mentaux. *Bulletin de Psychologie*, 1979, *32*, 951-956 (b).

LAMBERT, J.L. *Echelle d'évaluation du langage*. Université de Liège: Rapport de Recherches (non publié), 1979 (c).

LAMBERT, J.L. Stimulus fading procedures and discrimination learning by retarded children. In J. Hogg & P.J. Mittler (Eds.), *Advances in mental handicap research. Vol. 1*. Chicheester: John Wiley, 1980, p. 83-128.

LAMBERT, J.L. & DEFAYS, D. Hiérarchisation de tâches pré-arithmétiques chez des enfants arriérés mentaux. *Revue Belge de Psychologie et de Pédagogie*, 1977, *159-160*, 65-74.

LAMBERT, J.L. & LARUELLE, B. Evaluation de jouets chez des enfants arriérés mentaux modérés et sévères. *Revue Belge de Psychologie et de Pédagogie*, 1979, *167*, 92-100.

LAMBERT, J.L. & LETESSON, J.M. *Programme d'apprentissage du cal-*

cul. Ire partie. Université de Liège: Rapport de Recherches (non publié), 1979.
LAMBERT, J.L. & RONDAL, J.A. Note technique: A propos d'un indice de développement syntaxique chez les arriérés mentaux. *Le Langage et l'Homme*, 1980, *43*, 43-44.
LAMBERT, J.L. & SOHIER, C. *Mise au point d'une évaluation du langage destinée aux enseignants du primaire spécial de Type II.* Université de Liège: Rapport de Recherches (non publié), 1978.
LAMBERT, J.L. & SOHIER, C. *Analyse du langage d'enfants arriérés mentaux modérés et sévères.* Université de Liège: Rapport de Recherches (non publié), 1979.
LANCE, W.D. Technology and media for exceptional learners: looking ahead. *Exceptional Children*, 1977, *44*, 92-99.
LATHEY, J.W. Assessing classroom environments and prioritizing goals for the severely retarded. *Exceptional Children*, 1978, *45*, 190-197.
LAYCOCK, V.K. Critical dimensions of instructional materials. In R.M. Anderson, J.G. Greer, & S.J. Odle (Eds.), *Individualizing educational materials for special children in the mainstream.* Baltimore: University Park Press, 1978, p. 57-78 (a).
LAYCOCK, V.K. Making the match: rationale for selection. In R.M. Anderson, J.G. Greer, & S.J. Odle (Eds.), *Individualizing educational materials for special children in the mainstream.* Baltimore: University Park Press, 1978, p. 79-105 (b).
LETESSON, J.M. & LAMBERT, J.L. *Programme d'apprentissage du calcul. IIe partie.* Université de Liège: Rapport de Recherches (non publié), 1979.
MILLER, S.R. & SABATINO, D.A. Evaluating the instructional effectiveness of supplemental special educational materials. *Exceptional Children*, 1977, *43*, 457-461.
RONDAL, J.A. *Langage et éducation.* Bruxelles: Mardaga, 1978 (a).
RONDAL, J.A. Maternal speech to normal and Down's syndrome children matched for Mean Length of Utterance. In C.E. Meyers (Ed.), *Quality of life in severely and profoundly mentally retarded people: research foundations for improvement.* Washington, D.C.: American Association on Mental Deficiency, Monograph 3, 1978, p. 193-265 (b).
RONDAL, J.A. & LAMBERT, J.L. *Langage et communication en arriération mentale: théorie, évaluation, intervention* (à paraître), 1981.
RUEDA, R. & CHAN, K.S. Referential communication skill levels of moderately mentally retarded adolescents. *American Journal of Mental Deficiency*, 1980, *85*, 45-52.
SANDERS, R.M. & HANSON, P.J. A note on a simple procedure for redistributing a teacher's students contacts. *Journal of Applied Behavior Analysis*, 1971, *4*, 157-161.
SCHITTEKATTE, N. *Analyse des interactions verbales et non verbales en milieu scolaire spécial.* Université de Liège: Mémoire de Licence (non publié), 1978.

SPRADLIN, J.E., COTTER, V.N., STEVENS, C. & FRIEDMAN, M. Performance of mentally retarded children on pre-arithmetic tasks. *American Journal of Mental Deficiency*, 1974, *78*, 397-403.
STORM, R.H. & WILLIS, J.H. Small-group training as an alternative to individual programs for profoundly retarded persons. *American Journal of Mental Deficiency*, 1978, *83*, 283-288.
WANG, M.C., RESNICK, L.B. & BOOZER, R.F. The sequence of development of some early mathematical behaviors. *Child Development*, 1971, *42*, 1767-1778.

Chapitre 7

APTER, S.J. Applications of ecological theory: toward a community special education model. *Exceptional Children*, 1977, *43*, 366-374.
CHATELANAT, G. & MEIENBERGER, C. *Problèmes de réforme de la formation des enseignants en éducation spéciale*. Lucerne: Secrétariat Suisse de Pédagogie curative, 1977 (traduction française).
CRAHAY, M. *Contrôler et réguler une approche interactive*. Université de Liège: Laboratoire de Pédagogie expérimentale, 1979 (manuscrit).
DE LANDSHEERE, G. *La formation des enseignants demain*. Tournai: Casterman, 1976.
HAEBERLIN, U. Die wissenschaftstheoretissche wende in der Heilpädagogik. *Vierteljahresschrift fur Heilpädagogik*, 1980, *49*, 2-14.
KING, R.D., RAYNES, N.V. & TIZARD, J. *Patterns of residential child care*. London: Routledge & Kegan, 1971.
LAMBERT, J.L. *Introduction à l'arriération mentale*. Bruxelles: Mardaga, 1978.
LAMBERT, J.L. *Le « micro-enseignement » au service de l'éducation spécialisée*. Manuscrit. Université de Fribourg: Institut de Pédagogie Curative, 1981.
LAMBERT, J.L. & RONDAL, J.A. *Le mongolisme*. Bruxelles: Mardaga, 1980.
LAUTREY, J. *Classe sociale, milieu familial, intelligence*. Paris: Presses Universitaires de France, 1980.
McMASTER, J.McG. *Toward an educational theory for the mentally handicapped*. London: Arnold, 1973.
MITTLER, P.J. *Research to practice in the field of handicap*. First Public Lecture: Institute for Research into Mental and Multiple Handicap. London, 30th June 1975.
ROBINSON, N.M. & ROBINSON, H.B. *The mentally retarded child. Second edition*. New York: Mc Graw-Hill, 1976.
RONDAL, J.A. & LAMBERT, J.L. *Langage et communication en arriération mentale: Théorie, évaluation, intervention* 1981 (à paraître).
UNESCO. *Situation actuelle et tendances de la recherche dans le domaine de l'éducation spécialisée*. Paris: Unesco, 1973.

Table des matières

Introduction 7

Chapitre 1. Quelques notions actuelles 11
1. Toutes sortes de handicapés mentaux 11
   A. Eléments de définition 11
   B. Les déterminants 14
   C. Les classifications 18
2. L'enseignement spécial 20

Chapitre 2. Faut-il un enseignement spécial ? 27
1. Le débat ségrégation-intégration 28
2. Arguments sociologiques et éthiques 31
   A. Qui sont ces « handicapés mentaux légers » ? 31
   B. Les implications de l'étiquetage 34
3. Arguments psychopédagogiques 40

Chapitre 3. Quelques mises au point 51
1. Il y a intégration et intégration 51
2. Que faites-vous de la relation ? 56
3. Spécialistes et compagnie 64

Chapitre 4. Quels objectifs ? 71
1. Généralités 71
2. Quelles références pour quels objectifs ? 73
   A. Quelles sont les fins de l'enseignement spécialisé ? 74
   B. La référence au « normal » 76

Chapitre 5. Evaluer 89
1. Les caractéristiques de l'évaluation 93
2. Evaluer le niveau actuel des performances d'un élève 95
   A. Les tests d'intelligence 95
   B. Les épreuves spécifiques 97

3. L'évaluation comportementale 99
   A. L'observation 99
   B. L'utilisation d'épreuves à références critérielles 102

Chapitre 6. Enseigner 111

1. L'élève handicapé mental 112
2. Langage et communication 124
   A. L'évaluation du langage en classe 125
   B. Les études sur les interactions en classe spéciale 128
   C. Les enfants normaux comme « enseignants » 133
   D. La communication entre sujets handicapés mentaux 135
3. Lire, écrire et calculer 137
   A. Pourquoi apprendre ? 138
   B. Quelques éléments d'apprentissage du calcul 142
   C. A propos des prérequis à la lecture 148
4. Le matériel éducatif 151
   A. Le matériel comme moyen éducatif 153
   B. Les besoins des enseignants 156
   C. Rapport coût-bénéfice du matériel 156
5. L'organisation du milieu scolaire 159
   A. L'environnement physique 160
   B. La planification des activités 166
   C. Travail de groupe ou individuel? 172

Chapitre 7. Vers un enseignement spécialisé 181

1. De la nécessité d'une théorie pour l'éducation spécialisée 182
2. La formation des enseignants 189

Il n'y a pas de conclusion 199

Bibliographie 201

Table des matières 211